CW01663578

# Kundalini Yoga Praxisbuch Band 1

SEAL OF APPROVAL

KRI

# Sat Nam!

**Mehr als ein Vorwort...**

Dieses Handbuch wurde erstmalig zusammen getragen und herausgegeben von Simran Kaur Gessler in Zusammenarbeit mit 3HO Deutschland e.V., Hamburg.
In der hier vorliegenden Neuauflage wurde das Buch komplett überarbeitet und neu gestaltet.
Es wendet sich an alle, die Kundalini Yoga nicht nur im Unterricht, sondern auch zu Hause ausüben möchten.
Die Übungsreihen und Meditationen in diesem Buch sind besonders für Anfänger geeignet.
Ideal für die erfolgreiche Anwendung dieses Handbuches ist es, wenn du die grundlegenden Techniken, wie das Sitzen mit gerader Wirbelsäule, Bhandas (Körperschleusen), sowie langes tiefes Atmen und Feueratem bei einem Kundalini Yoga Lehrer in den Grundzügen erlernt hast.

Die Übungsreihen und Meditationen in diesem Buch wurden von Yogi Bhajan, Meister des Kundalini Yoga, gegeben und sollen exakt so ausgeführt werden, wie in diesem Buch dargestellt. Sie sind in sich stimmig, perfekt und aufeinander abgestimmt und sollen nicht verändert werden.

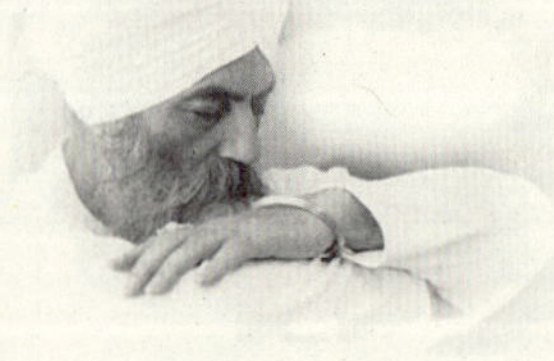

*„Lasse alle Deine Begrenzungen hinter Dir und nutze diese uralten Techniken, um Dein Bewußtsein zu erheben.
Wenn Du die Kundalini-Energie verstehst, verstehst Du auch das ganze Universum.
Sie ist Deine Existenz. Sie ist die Kraft in Dir, die Dich Dein Bewußtsein erweitern lässt.“*

Yogi Bhajan

**Wichtige Hinweise vor Beginn**

Du kennst, spürst und empfindest deinen Körper am besten.
Mache nur das und in der Weise, wie es dir momentan gut tut, das gilt besonders bei körperlichen Beeinträchtigungen.
Du trägst stets die Verantwortung für dich selbst.

Wenn du die angegebenen Zeiten am Anfang noch nicht durchhalten kannst, kürze alle Übungen einer Reihe proportional (z.B. um die Hälfte) und wiederhole nach Möglichkeit danach die ganze Übungsreihe.
Anfängliche Dehnungsschmerzen oder Muskelkater sind möglich, aber nicht schlimm. Sollten jedoch einmal stechende Schmerzen auftreten, ist die Übung sofort abzubrechen.
Diesen etwaigen Hinweis auf eine körperliche Beeinträchtigung solltest du mit deinem Arzt, Heilpraktiker oder anderen heilenden Personen abklären.
Für manche Übungen gibt es vereinfachte Abwandlungen, welche du verwenden kannst. Diese sind in der Beschreibung der Übung genannt; idealerweise zeigt sie dir dein Yogalehrer.
Die Autoren und Herausgeber lehnen jegliche Haftung in Verbindung mit dem Gebrauch der in diesem Buch angebotenen Informationen ab. Der Leser und die Leserin nutzen das Buch auf eigenes Risiko, mit dem Wissen, dass ihre Yogapraxis nicht beaufsichtigt wird. Sollten Zweifel an der Eignung einer Übung auftauchen, so raten wir, den jeweiligen Yogalehrer/Yogalehrerin oder einen Arzt/eine Ärztin zu konsultieren.

**Mögen dich diese Techniken auf deinem Weg zu einem gesunden, glücklichen und ganzheitlichen Leben unterstützen!**

Wir freuen uns, wenn wir mit dieser völlig überarbeiteten Neuauflage der Klassikerreihe „Handbuch für Lehrer und Studenten“ einen kleinen Beitrag dazu leisten können.

Gurbasant Singh | Yogi Press Sat Nam Media
Sant Subagh Singh | proKreativ®MEDIA

# Inhalt

# Kundalini Yoga



**Was ist Kundalini Yoga?**

Kundalini Yoga ist eine Wissenschaft, die an den 7 Chakras (Energiezentren des Körpers), der Bogenlinie und dem elektromagnetischen Feld, das uns umgibt, auch „Aura" oder 8. Chakra genannt, arbeitet. Es spricht direkt die Gesamtenergie an, und dieser Energiefluss funktioniert auf einfache Art und Weise: Entweder beherrscht du ihn oder er beherrscht dich. Entweder stehst du über der Energie und schwimmst auf ihr, oder du bist unter der Energie, und sie überschwemmt dich. Genau da kommt Kundalini Yoga ins Spiel: Du lernst, deine Energie zu steuern, sie zu erfahren und jede vorgegebene Situation zu durchdringen, um ein Gleichgewicht zu erzielen.

Was ist Kundalini eigentlich? Es ist dein schöpferisches Potential. Du erfährst es, wenn sich die Energien des Drüsensystems und des Nervensystems verbinden, was dich so empfindsam macht, dass die Gesamtheit des Gehirns Signale empfängt und sie diese integriert. Dann wirst du total und ganzheitlich bewusst, und dein schöpferisches Potential steht dir zur Verfügung.

Es ist eine Praxis, die seit vielen Tausenden von Jahren von erleuchteten Seelen erfahren und weitergegeben wurde.
Es ist ein königliches Yoga, eins, das nicht nur von denen ausgeübt werden soll, die asketisch oder zurückgezogen von der Welt leben. Es erfordert Meisterschaft sowohl über die innere Dimension des Selbst als auch über den äußeren Ausdruck im Universum. Dieses Gleichgewicht zwischen dem Inneren und dem Äußeren, zwischen der neutralen, inneren Unendlichkeit und dem aktiven, dienenden Äußeren ist das Erkennungszeichen von Kundalini Yoga.

# Yogi Bhajan

**Siri Singh Sahib Bhai Sahib Harbhajan Singh Khalsa Yogiji**

Yogi Bhajan wurde am 26. August 1929 in dem kleinen Dorf Kot Harkam im Distrikt von Gujaranwala im heutigen Pakistan (damals Indien), geboren. Eins der Gebete seiner Familie für seine Geburt ging mit dem Versprechen einher, diesen erstgeborenen Sohn zum Schrein von Vaishnoo Devi zu bringen, um für den Segen seiner Geburt zu danken und ihm die unmittelbare Erfahrung dieses heiligen Ortes zu vermitteln.

Damit begann schon sehr früh die spätere Gepflogenheit Yogi Bhajans, jeden erreichbaren heiligen Schrein und Heiligen zu besuchen und sich dem Studium aller religiösen Lehren, Schriften und Methoden dieser Welt zu widmen.

Unter den wachsamen Augen seines Lehrers Sant Hazara Singh, dem er schon früh anvertraut wurde, perfektionierte Yogi Bhajan die Disziplinen des Kundalini und Tantra Yoga. Im bemerkenswert jungen Alter von 16 Jahren wurde er von seinem Lehrer darin anerkannt, die Meisterschaft im Kundalini Yoga erreicht zu haben.

Neben dem Studium von Kundalini und Tantra Yoga mit Sant Hazara Singh bildete sich Yogi Bhajan im Yoga weiter fort, so z.B. unter Acharya Narinder Dev von Yoga Smriti, welcher das Hatha Yoga und dessen Auswirkung auf das Gleichgewicht des Nervensystems unterrichtete. Letzteres Thema war für Yogi Bhajan in den Vereinigten Staaten von unschätzbarem Wert, wo er fand, dass die meisten Menschen an Störungen des Nervensystems litten.

Der einen weltweit guten Ruf genießende Sivananda Ashram in Rishikesh, Indien (wo namhafte Meister wie Swami Chidananda, Swami Vishnu Devananda und Swami Satchidananda lernten), diente als spirituelle Quelle für den Fluss der ewigen Wahrheit, die als Vedanta-Philosophie bekannt ist. Aus dieser berühmten Quelle göttlichen Wissens konnte Yogi Bhajan sein Herz und seinen Geist mit Inspiration füllen.

Als Regierungsbeamter wurde er 1960 für den die Stadt Amritsar umgebenden Distrikt eingeteilt. Er war entschlossen, die Gelegenheit zu nutzen und für die Dauer dieser Versetzung den Marmorboden des Harimandir Sahib (der Goldene Tempel in Amritsar) zu waschen. Er war überzeugt, dass er allein durch Demut und die Ausübung demütigen, selbstlosen Dienens die Erfüllung finden könnte, nach der er suchte. Er hatte viele Jahre als Schüler spiritueller und religiöser Lehrer verbracht. Er hatte viele Jahre als Lehrer gelebt, und er hatte die Siddhis (Kräfte) eines vervollkommneten Yogis erlangt. Er sehnte sich nach der endgültigen Berührung mit unendlicher Liebe und nach Verständnis, welche die einzelnen Puzzlestücke seines Lebens zu einem großen Ganzen zusammenfügen würde.

Im Dezember 1968 wurde Yogi Bhajan von einem alten Freund aus Neu Delhi, der sich in den USA niedergelassen hatte, für ein Wochenende nach Los Angeles eingeladen. Yogi Bhajan begriff, dass er dorthin geführt wurde, weil er gut ausgestattet war mit Wissen, Erfahrung und einer Methode, welche die Sehnsucht suchender Seelen befriedigen konnte. Er begann, Kundalini Yoga zu unterrichten, erst im East West Cultural Center und dann in einem Möbelgeschäft in der Melrose Avenue in Los Angeles. Yogi Bhajan war ständig auf Reisen, um zu unterrichten. Er sagte stets: „Früher mussten die Menschen zu einem Lehrer pilgern, heute kommt der Lehrer zu den Menschen“.
Er war ebenfalls häufig in Europa und regelmäßig auch in Hamburg oder anderen Teilen Deutschlands.

**Mann des Friedens**

In dem Maße, wie Yogi Bhajan unermüdlich daran arbeitete, die Wissenschaft und Praxis des Kundalini Yoga überall in der westlichen Hemisphäre und darüber hinaus zu verbreiten, wurde er von weiten Kreisen als bedeutende Führungspersönlichkeit und Verfechter von Weltfrieden und Heilung anerkannt. Er beteiligte sich aktiv am interreligiösen Dialog. Im Juni 1985 begründete er den ersten internationalen Tag des Friedengebetes. Er traf viele Vertreter unterschiedlichster spiritueller Strömungen und Religionen, darunter den Lalai Lama, Papst Johannes Paul II., sowie zahlreiche andere Persönlichkeiten.

Yogi Bhajan war ein kraftvoller und immer wieder verblüffender Lehrer. Der seelische Reichtum, den er ausstrahlte, berührte viele Menschen, und sein besonderer Humor brachte Yogaschüler wie –lehrer selbst in den herausforderndsten Übungen zum Lachen!

Yogi Bhajan verließ seinen Körper am 6. Oktober 2004 um 21.00 Uhr (MDT, d. h. um 13.00 Uhr deutscher Zeit) im Alter von 75 Jahren. Er verschied in seinem Haus in Espanola, New Mexico, USA. Er hinterließ ein Vermächtnis des Wissens um das Kundalini Yoga, welches für alle Menschen greifbar und umsetzbar ist. Dieses Buch ist ein bescheidener Teil davon.

Auszüge aus seinem letzten aufgezeichneten Vortrag vom 3. Oktober 2004:

„Gott und die Seele sind bleibend, unvergänglich, ewig.
Wir sind verpflichtet zu gehen. Eines Tages werdet ihr an diesem Punkt sein. Der Körper wird zu einer unvergänglichen Seele werden... Lasst uns begreifen, dass wir ein unendlicher Lichtstrahl Gottes sind ... Leben heißt, füreinander zu leben.
Es dient dazu, füreinander zu leben."

Yogi Bhajan

# K.Y. Basiswissen

**Erläuterungen zu den in diesem Buch verwendeten Begriffen:**

Die nachfolgend aufgeführten und näher beschriebenen Begriffe sind wesentliche Grundlagen der Kundalini Yoga Praxis. Lies sie aufmerksam durch und verinnerliche sie, bevor du mit den Übungen beginnst. Du kannst sie für dich allein üben und ausprobieren – so wirst du die Übungsreihen und Meditationen in diesem Buch besser verstehen und sie werden dir leichter fallen.

**Einfache Haltung und gerader Rücken**

Am meisten als „Schneidersitz" bekannt: Lege einen Fuß unter das gegenüberliegende Knie und ziehe dann den ausgestreckten Fuß unter das andere Knie. Richte die Wirbelsäule gerade auf und drücke den unteren Rücken leicht nach vorn. Behalte die Wirbelsäule und den Rücken immer ganz gerade – so kann die Energie besser fließen und die Wirbel werden nicht unnötig belastet.

**Lotus-Sitz oder halber Lotus-Sitz**

Für den „vollen Lotus" (Padmasana) winkle das linke Bein so weit an, bis die linke Ferse an der Leiste liegt. Lege den linken Fuß auf den oberen Teil des rechten Oberschenkels. Winkle das rechte Bein an, so dass der rechte Fuß auf dem linken Oberschenkel liegt, und zwar so nahe am Bauch wie möglich. (Diese Haltung kann auch mit umgekehrter Beinhaltung eingenommen werden.) Richte die Wirbelsäule auf. Hebe den Brustkorb an und drücke die untere Wirbelsäule leicht nach vorn. In dieser Haltung wirst du das Gefühl haben, wie angewurzelt an deinem Platz zu sitzen. Sobald du die Haltung einmal eingenommen hast, kannst du sehr tief meditieren, und die Position bleibt von allein bestehen. Es gibt nur sehr wenige Übungen oder Meditationen, die diese Haltung erfordern, aber für tiefe Meditation ist sie als eine der besten Asanas anerkannt.

Für den „halben Lotus“ (Ardha Padmasana) lege den linken Fuß in die Leiste, so dass die Fußsohle am obersten Teil des Oberschenkels anliegt. Lege den rechten Fuß über das linke Fußgelenk, so dass er auf dem rechten Oberschenkel ruht, die Fußsohle zeigt, wie auf dem Bild dargestellt, nach oben.

## Das dritte Auge

Das dritte Auge ist der Punkt zwischen den Augenbrauen an der Nasenwurzel. Hier liegt die Aufmerksamkeit zwischen den Augenbrauen, und die Augen blicken leicht nach oben. Sushmana, die Kraft des Zentralnervs, wird stimuliert. Das regt die Hypophyse an; Intuition entfaltet sich. Bei vielen Übungen und Meditationen konzentrieren wir uns mit geschlossenen Augen von innen her auf das dritte Auge.

## Mudra: die Hand- und Fingerhaltung

Ein Mudra ist eine Handhaltung, die den Energiefluss verschließt oder versiegelt und sowohl Energie als auch Reflexe zum Gehirn lenkt. Die Hände gleichen einer Energiekarte unseres Bewusstseins und unserer Gesundheit. Die Yogis haben die einzelnen Bereiche der Hand und ihre dazugehörigen Reflexe genau festgelegt. Jeder Bereich der Hand ist mit einem bestimmten Teil des Körpers oder Gehirns verbunden und repräsentiert unterschiedliche Emotionen und Verhaltensweisen. Die Hände werden zur Eingabetastatur für unser Körper-Geist-Energiesystem. Jeder Finger steht in Verbindung mit einer Planetenenergie und der Eigenschaft, die dieser Planet darstellt.

## Gyan Mudra

Für Gyan Mudra lege die Spitzen von Daumen und Zeigefinger aneinander. Das regt Wissen, Weisheit und die Fähigkeit zur Wahrnehmung an. Die Energie des Zeigefingers wird mit Jupiter in Verbindung gesetzt und steht für Ausdehnung, Entfaltung. Dieses Mudra wird am häufigsten benutzt. Es vermittelt Empfänglichkeit und Ruhe. Wir benutzen die passive Form von Gyan Mudra, sofern die aktive Variante nicht ausdrücklich verlangt wird.

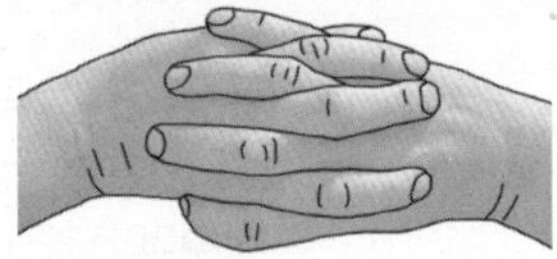

**Venusgriff oder Venusschloss**

Dieses Mudra wird häufig in den Übungen benutzt. Der Name bezieht sich darauf, dass es die positiven und negativen Seiten der Venushügel (dem fleischigen Bereich an der Wurzel des Daumens) der beiden Hände mit den Daumen verbindet. Dieses Mudra kanalisiert die sexuelle Energie und fördert das hormonelle Gleichgewicht. Wenn du die Hände während einer meditativen Übung in diesem Mudra im Schoß liegen hast, kannst du dich leichter konzentrieren.

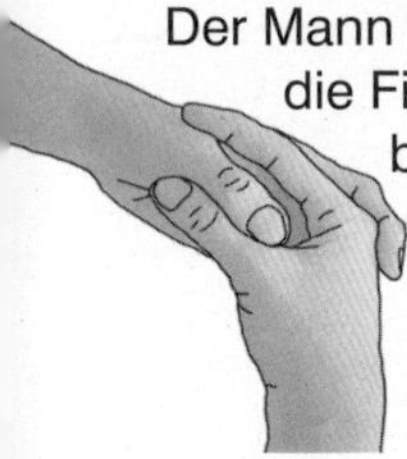

Der Mann legt die Handflächen aneinander und verschränkt die Finger so, dass sich der linke kleine Finger unten befindet. Lege die linke Daumenspitze genau über die Daumenwurzel auf das weiche Gewebe der Interdigitalhaut zwischen Daumen und Zeigefinger der rechten Hand. Die Spitze des rechten Daumens drückt auf den fleischigen Hügel an der Wurzel des linken Daumens.

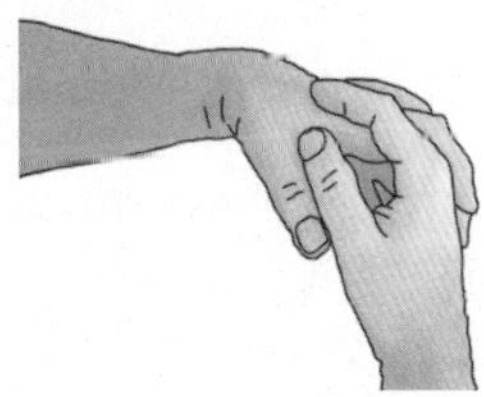

Bei der Frau werden die Finger so miteinander verschränkt, dass der rechte kleine Finger unten ist und der linke Daumen über dem rechten liegt.

**Der Atem**

Quantität, Qualität und Kreislauf der Atmung schaffen die Grundlage für ein vitales und schöpferisches Leben. Sie ist ein Barometer für das Energieniveau, auf dem wir normalerweise leben, und für die Reserven, die in uns für Notfälle zur Verfügung stehen.
Wenn in diesem Werk nicht explizit anders erwähnt, verstehen wir unter „normaler" Atmung die Nasenein- und ausatmung.

**Langer tiefer Atem**

Langer, tiefer Atem ist die Verbindung aus drei Atemphasen: Bauchatmung, Brustatmung und Schlüsselbeinatmung. Beginne die Einatmung mit der Bauchatmung. Füge dann die Brustatmung hinzu und schließe mit der Schlüsselbeinatmung ab. Alle 3 Phasen werden in einer ruhigen, gleichmäßigen Bewegung vollzogen. Atme so tief und vollständig ein wie möglich, und vertiefe dies noch mit jeder weiteren Einatmung.

Beginne die Ausatmung mit dem Senken der Schlüsselbeine und Schultern, leere dann langsam die Brust. Ziehe am Ende den Bauch ein, um jegliche noch verbliebene Luft herauszupressen.

Meditiere auf das Mantra SAT NAM: beim Einatmen meditiere auf SAT, und beim Ausatmen auf NAM.

**Feueratem**

Feueratem ist eine der grundlegenden Atemtechniken, die im Kundalini Yoga angewandt wird. Er wird in vielen Yogahaltungen praktiziert und ist sehr wohltuend und wirkungsvoll. Es ist wichtig, diese Atemtechnik zu meistern, damit sie präzise ausgeführt und automatisch wird.

**Die Ausübung von Feueratem**

• Feueratem ist schnell, rhythmisch und kontinuierlich. Ein- und Ausatmung sind gleich lang, und es gibt keine Pause zwischen ihnen (etwa 2–3 Wiederholungen pro Sekunde).

• Er wird immer mit geschlossenem Mund durch die Nase ausgeführt, es sei denn, die Anleitung lautet anders.

• Feueratem geht vom Nabelpunkt und Solarplexus aus. Beim Ausatmen wird die Luft kraftvoll durch die Nase ausgestoßen, indem Nabelpunkt und Solarplexus nach innen zur Wirbelsäule gezogen werden. Das fühlt sich natürlich an, wenn du das Zwerchfell schnell zusammenziehst.

• Beim Einatmen entspannen sich die oberen Bauchmuskeln, das Zwerchfell sinkt nach unten, und die Einatmung scheint durch die Entspannung von selbst zu erfolgen und weniger durch eine Anstrengung.

• Der Brustkorb bleibt entspannt und während des gesamten Atemzyklus leicht angehoben.

• Korrekt ausgeführt entsteht keinerlei Anspannung in Händen, Füßen, Gesicht oder Unterleib.

• Übe Feueratem anfangs für die Dauer von 1–3 Minuten. Manchen Menschen fällt es leicht, Feueratem gleich zu Beginn 10 Minuten lang am Stück zu machen. Andere haben anfangs den Eindruck, dass er Schwindelgefühle hervorruft. Wenn das passiert, mach eine Pause. Leichtes Kribbeln, Missempfindungen und leichte Benommenheit sind völlig normal, da sich dein Körper an die neue Atemtechnik und die Belebung der Nerven erst gewöhnt. Konzentration auf den Punkt zwischen den Augenbrauen kann lindernd wirken. Manchmal werden diese Erscheinungen durch Toxine und andere chemische Stoffe hervorgerufen, die durch die Atemtechnik freigesetzt werden. Die Symptome nehmen ab, wenn man große Mengen Wasser trinkt und zu einer leichten Ernährung übergeht.

• Feueratem ist weder Hyperventilation noch Blasebalg-Atem.

• Während Schwangerschaft, Menstruation und bei hohem Blutdruck gelten Einschränkungen für die Ausübung von Feueratem.

**Mantra**

Mantra ist die schöpferische Projektion des Geistes durch Klang. Man = Geist, Trang = Welle oder Projektion. Das Wissen über Mantras beruht auf der Erkenntnis, dass Klang eine Form von Energie ist, die Struktur und Kraft besitzt und eine bestimmte, vorhersehbare Auswirkung auf die Chakras und die menschliche Psyche hat. Mantras sind somit Formeln, welche die Muster des Geistes und die Chemie des Gehirns nach physischen und metaphysischen Gesetzen verändern. Die Kraft eines Mantras liegt in seinem Klangstrom. Die im Kundalini Yoga verwendeten Mantras erhöhen, bzw. verändern das Bewusstsein durch ihre Bedeutung und durch rhythmische Wiederholung. Es ist heilsam, die Rezitation eines Mantra mit der Atemführung zu verbinden.

Das Mantra **SAT NAM** hat in diesem Buch eine zentrale Bedeutung. Es ist ein „Bij“-Mantra („Saat“-Mantra). SAT NAM bedeute soviel wie „Wahrheit“, das Wahrhafte, das Unveränderliche in uns selbst. SAT NAM führt uns zu unserer inneren Wahrheit, zentriert uns, und reinigt so den Gedankenfluss während den Übungen.

Mantras in diesem Buch und ihre korrekte Aussprache:

**Ong Namo Guru Dev Namo** –
Sprich: *Oonnnng* (mit einem nasalen „nnnng“) *Naaaamo, Guru Deeev Naaaamo.*
Dieses Mantra wird am besten auf einen Atemzug gechantet.

**Aad Gure Nameh, Judag Gure Nameh, Sat Gure Nameh, Siri Guru Dev-e Nameh** –
Sprich: *Aad Guree Namä-h* (das „h“ wird nur gehaucht, das „ä“ ist ganz kurz), *Dschugaad Guree Namä-h, Ssat-h* (scharfes „S“ und hartes „t“) *Guree namä-h, Ssiri Guru Dev-e Namä-h.*

**Sat Nam** – Sprich: *Ssat-h* (scharfes „S“ und hartes „t“) *Naaam* (mit langem „a“).

**Sa Ta Na Ma** – Sprich: *Ssaa* (scharfes „S“, längeres „a“), *Taa, Naa, Maa.*

## Das Konzept von Kriya im Kundalini Yoga

Das Wort Kriya bedeutet Handlung. Aber Kriya ist nicht nur irgendein Reflex oder eine Aktion; es ist eine Handlung, die zu einer vollständigen Manifestation führt, die ein Saatkorn zum Aufblühen bringt, einen Gedanken zur Realität werden lässt und einen Wunsch zur Verpflichtung.
Eine Kriya im Yoga ist eine Abfolge von Haltungen, Atmung und Klang, die eine Einheit miteinander bilden, um einen bestimmten Zustand möglich zu machen. Wenn du eine Kundalini Kriya machst, ist das Ergebnis ihrer Wiederholung der Zugang zu einer Facette deines Bewusstseins, eines bestimmten, vorhersagbaren und stabilen Zustands und dessen Meisterung.

## Bhandas – Körperschleusen

Bandhas (Körperschleusen) werden auf Körperbereiche angewandt, die Prana (die einströmende Energie) und Apana (die ausscheidende Energie) steuern. Der Einsatz dieser Schleusen ist eine wichtige Technik, durch die die Ergebnisse der Bemühungen des Übenden sich ansammeln.

Sie ermöglichen ein Gleichgewicht, das enorme Wirkung auf das gesamte Körper-Geist-System hat.

## Mulbandh – die Wurzelschleuse

Diese Bandh wird häufig am Ende von Übungen oder Übungsreihen benutzt, um deren Wirkung zu kristallisieren. Sie wird normalerweise gemeinsam mit der Nackenschleuse gezogen. Die Wurzelschleuse ist eine sanfte, aus 3 Teilen bestehende Bewegung.

### Das Ziehen der Wurzelschleuse:

- Ziehe zuerst den Schließmuskel des Anus zusammen. Fühle, wie sich die Muskeln nach oben und innen heben.

- Sobald diese Muskeln angespannt sind und sich bewegen, ziehe den Bereich um das Geschlechtsorgan zusammen, das wird als leichte Anhebung und Innendrehung des Schambeins erfahren: Es ist so, als versuchtest du, den Urinfluss in der Harnröhre zu unterbrechen.

- Spanne dann die untere Bauchmuskulatur an und ziehe den Nabelpunkt Richtung Wirbelsäule.

- Zusammen in einer weichen, schnellen, fließenden Bewegung durchgeführt, ergeben diese 3 Schritte Mulbandh.

### Was die Wurzelschleuse bewirkt:

- Die Schlüsselfunktion ist das Vermischen von Prana und Apana am Nabelzentrum. Mulbandh leitet Apana auf seinem normalen Abwärtsfluss zum ersten Chakra um. Dabei trifft es am Nabel auf die ebenfalls abwärts fließende Prana-Energie. Wenn beide zusammentreffen, wird eine innere Hitze oder Tapa erzeugt, die dann den Eingang zur Sushmuna, dem zentralen Kanal für den Aufwärtsfluss der Energie in der Wirbelsäule, öffnet.

- Sie beginnt mit dem Transformationsprozess vom Grobstofflichen zum Subtilen.

- Sie regt den einwandfreien Fluss der Hirnrückenmarksflüssigkeit (Zerebrospinalflüssigkeit) an.

## Prana und Apana

Prana bezeichnet die subtile Lebenskraft, die subatomare Energie. Die erste Energieeinheit. Prana ist die Bewegung der Lebensenergien und der Schlüssel zu den Bereichen von Körper und Geist. Die Bewegung von Prana bedeutet Anhäufung und Ausdehnung der Lungen und Ansammlung der inneren Energie. Wenn du voller Prana bist, bist du bereit für das Leben, du bist energiegeladen, dein Atem fließt frei und dein Geist ist positiv gestimmt.

Apana bezeichnet die ausscheidende Kraft des Körpers. Apana befindet sich unterhalb des Nabels und lenkt alle mit der Ausscheidung zusammenhängenden Funktionen. Es wird mit der Ausscheidung durch Rektum, Blase, Dickdarm und Geschlechtsorganen in Verbindung gebracht. Apana fließt sogar nach unten und verlässt den Körper über die Füße, obwohl die Hauptausscheidung durch das Rektum erfolgt. Heutzutage ist starkes Apana erforderlich, um mit der Ausscheidung von Giftstoffen fertig zu werden. Zusätzlich befähigt es dich, zu wissen, was du zurückhalten und was du loslassen musst. Apana wird mit den Eigenschaften der Erde in Verbindung gebracht, die zum Erhalt vieler Körperteile beitragen.

## Meditation

Häufig schließen Übungsreihen im Kundalini Yoga mit einer Meditation ab, um die Energie auf feinstofflichere Weise zu kanalisieren. Sie können jederzeit auch für sich allein ausgeübt werden. Meditation ist der Prozess zur Kontrolle und Überwindung der Gedankenwellen, wodurch die Seele zur Entfaltung gelangen kann.

Die Meditationen in diesem Buch sind für jeden Menschen geeignet. Sie nutzen das jedem innewohnende System zur Selbstwahrnehmung, den Geist und den Körper. Aufgrund der Verwendung verfeinerter Muster erzeugt Meditation eine Kommunikation zwischen dir und deinem Geist und zwischen deinem Geist und deinem Körper.

Meditationen, die Mantras verwenden, beeinflussen den oberen Gaumen des Mundes, der das vegetative Nervensystem und die Impulse von Stammhirn und limbischem System kontrolliert.

**Meditation…**

• entwickelt den neutralen (meditativen) Geist

• bringt uns von einer endlichen hin zu einer unendlichen Wahrnehmung der Realität, indem sie uns mit der Klarheit unserer Seele verbindet

• fördert ein Gefühl von Wohlbefinden, innerem Frieden, Stabilität und Ruhe

• entwickelt die Intuition

• löst Reaktionen und unbewusste Gewohnheiten, unterbewusste Ängste und Blockaden und baut die spontane und intuitive Verbindung zum Bewusstsein selbst auf

• fördert die Meisterschaft über die Transformation von Emotion zu Hingabe

• stärkt die Fähigkeit, Energie zu bündeln, wodurch Leistungsfähigkeit und Wirksamkeit gesteigert werden

• fördert geistige Klarheit, mentale Bewusstheit und die Fähigkeit, gegenwärtig zu sein

• löst Kernthemen von Mustern auf, die Stress erzeugen

• entwickelt den Stirnlappen des vorderen Gehirns, der die Persönlichkeit steuert

# Übungsvorbereitung

Kundalini Yoga bedeutet „Anschirrung“ oder „Vereinigung“. Wenn wir Yoga machen, verbinden wir unser endliches Selbst mit unserem unendlichen Selbst. Kundalini Yoga ist eine jahrtausendealte Wissenschaft. Durch die Technik des Kundalini Yoga, wie sie von Yogi Bhajan gelehrt wurde, können wir sicher und stabil zu größerer Bewußtheit gelangen, weil diese Technik unsere Nerven stärken und unsere Drüsenfunktionen ins Gleichgewicht bringen kann. Die Techniken des Kundalini Yoga sind keine weltfremden Methoden, sondern wurden zusammengestellt für Menschen, die voll im Leben stehen, d.h. Familie haben, einem Beruf nachgehen oder auf ihre Weise mit dem alltäglichen Leben in unserer modernen Gesellschaft konfrontiert sind. Durch Praktizieren des Kundalini Yoga kann jede(r) zu Gesundheit, Glück und Harmonie finden.

Um dabei wirklich positive und erhebende Erfahrungen zu machen, ist es unerläßlich, sich vorzubereiten: Suche dir einen schönen Platz, wo deine Gedanken leicht zur Ruhe kommen können. Der Raum sollte warm genug, aber auch gut gelüftet sein.

Dein Körper sollte sauber und frisch sein. Trage bequeme Sachen, am besten aus hellen Naturfasern. Weiße, reine Baumwollkleidung ist zu empfehlen, weil sie die Aura (das magnetische Feld, welches den Körper umgibt) erweitern kann und deine Haut besser atmen lässt. Du solltest keine Strümpfe tragen, damit die Reflexzonen an den Fußsohlen genügend Luft bekommen und die Energie dort optimal zirkulieren kann.

Es empfiehlt sich, bei den Übungen auf einer natürlichen Unterlage, wie z.B. einer Yogamatte, einem Schaffell oder einer Wolldecke zu sitzen. Das Fell oder eine Yogamatte aus Schafschurwolle schützen vor dem starken Magnetfeld der Erde und vor den Ausstrahlungen synthetischer Bodenbeläge und hilft dir so, beim Yoga konzentrierter zu bleiben. Eine Decke oder ein Schultertuch aus Naturfasern zum Zudecken während der Meditation oder der Entspannung ist ebenfalls nützlich. Sie sollten jedoch nur beim Yoga und bei der Meditation benutzt werden und nicht zu anderen Zwecken, damit ihre meditative Schwingung erhalten bleibt. Schon wenn du das Tuch umlegst, kannst du dich leichter entspannen. Mache keine Yogaübungen oder Meditation, wenn du gerade gegessen hast. Dein Magen sollte möglichst leer sein.

**Wenn du eine Position oder Übung ausübst, solltest du folgendes beachten:**

1. Setze dich in die jeweilige Position, und sei dir über das im klaren, was du machen willst.

2. Schließe deine Augen, und finde deine eigene Mitte, indem du dich auf das so genannte „dritte Auge" konzentrierst – den Punkt zwischen den Augenbrauen (sofern keine anderslautenden Anweisungen gegeben werden).

3. Spüre bewusst deinen Körper. Nimm zu jedem Zeitpunkt bewusst wahr, wie er sich dehnt und bewegt.

4. Atme zuerst tief ein, und beginne dann mit rhythmischer, tiefer Atmung, während du die Übungen machst.

5. Wenn du die Position oder Übung beendest, atme tief ein und konzentriere dich stark auf das dritte Auge. Halte den Atem für einige Sekunden lang an.
Atme vollständig aus und spanne Mulbhand an:

- Ziehe zuerst den Schließmuskel des Anus zusammen. Fühle, wie sich die Muskeln nach oben und innen heben.
- Sobald diese Muskeln angespannt sind und sich bewegen, ziehe den Bereich um das Geschlechtsorgan zusammen, das wird als leichte Anhebung und Innendrehung des Schambeins erfahren: Es ist so, als versuchtest du, den Urinfluss in der Harnröhre zu unterbrechen.
- Spanne dann die untere Bauchmuskulatur an und ziehe den Nabelpunkt Richtung Wirbelsäule. Halte diese Spannung für einige Sekunden, dann atme ein, aus, und entspanne.

Atme bei allen Übungen voll und rhythmisch, um den Ausscheidungsprozeß der Muskeln und des Lymphsystems zu unterstützen. Es ist gut, wenn du dich wirklich anstrengst, du solltest aber nie bis zur physischen Erschöpfung gehen. Wenn du regelmäßig Übungen machst, kann sich deine Blutzirkulation verbessern, Krampfadern und zu niedrigem Blutdruck wird entgegengewirkt, du hast einen gesunden Appetit, deine Verdauung arbeitet effektiver, und du kannst besser schlafen. Bevor du mit den Yogaübungen und Meditationen beginnst, ist es zu empfehlen, dass du dich einstimmst. Dadurch verbindest du dich mit deinem höheren Selbst und der kosmischen Energie; du wirst ruhiger und kannst dich besser konzentrieren, während du die Yogaübungen machst.

## Einstimmung
## Das Adi Mantra: Ong Namo Guru Dev Namo

Im Kundalini Yoga beginnen wir die Unterrichtsstunde oder unser eigenes Üben immer mit diesem Mantra. Es verbindet uns mit der „Goldenen Kette“ bzw. der „Goldenen Verbindung“, jener immerwährenden Weisheit, welche sich durch viele Lehrer und Schüler hindurch manifestiert.

Dafür legst du die Handflächen aneinander in die Gebetshaltung und drückst die Daumen leicht gegen das Brustbein.
Atme tief ein und chante den ersten Teil des Mantras: **ONG NAMO**, gefolgt vom zweiten Teil: **GURU DEV NAMO**. Wenn nötig, kannst du zwischen den beiden Teilen kurz durch den Mund Luft holen. Chante dieses Mantra insgesamt 3-mal, um Vergangenheit, Gegenwart und Zukunft anzusprechen und einzubeziehen.

Die Bedeutung des Mantras:

**ONG NAMO**
Ich rufe an und verbinde mich mit der universellen, schöpferischen Kraft.

**GURU DEV NAMO**
Ich rufe an und verbinde mich mit der unsichtbaren göttlichen Weisheit.

Das Wort GURU besteht aus 2 Silben:

**GU**, das bedeutet „Dunkelheit“, und **RU**, das bedeutet „Licht“. Guru ist eine Formel für das, was dich vom Dunkel zum Licht, von Unklarheit zur Klarheit, von Unwissenheit zum Wissen bringt. Jedem Menschen ist diese Weisheit zueigen.
Dieses Mantra ist eine Meditation, ein Bewusstseinszustand. Es stellt die Verbindung her zwischen dir als endlicher Persönlichkeit und dir als Fluss des unendlichen Bewusstseins, das die Kundalini-Energie lenkt. Wenn du es chantest, kann ein Verschmelzen zwischen dir und der höheren Weisheit geschehen; es bedeutet, dein Ego abzulegen und in einer offenen, dienenden Geisteshaltung zu verweilen, ohne dir davon Gewinn zu versprechen. Du verbindest dich mit dem unendlichen Lehrer, mit der unendlichen göttlichen Weisheit, um frei von deiner Verstrickung in Zeit und Raum zu werden.
Falls du unterrichtest, projizierst du es auf die Ebene der SchülerInnen. Dein Bewusstsein und Mitgefühl kommen zusammen wie deine rechte und linke Hand, um all jene zu erheben, die dafür empfänglich sind.

**Das Schutz-Mantra: Aad Gure Nameh, Jugad Gure Nameh, Sat Gure Nameh, Siri Guru Dev-e Nameh**

Um sich gegen negative Erfahrungen von außen oder aus dem eigenen Unbewussten zu schützen, chante zum Abschluss der Einstimmung zusätzlich dieses Mantra in einem Atemzug, und wiederhole es noch zweimal.

Das Mantra Aad Gure Nameh, Jugad Gure Nameh, Sat Gure Nameh, Siri Guru Dev-e Nameh ist die Manifestation von Shakti und hat schützende Eigenschaften. Es kann direkt nach dem Adi Mantra gechantet werden, um eine beschützte und bewusste Atmosphäre für die Yoga-Praxis zu schaffen.
Die Bedeutung des Mantras:

**AAD GURE NAMEH**
Ich verneige mich vor der Quelle der Weisheit

**JUGAD GURE NAMEH**
Ich verneige mich vor der Weisheit aller Zeitalter

**SAT GURE NAMEH**
Ich verneige mich vor der wahrhaftigen Weisheit

**SIRI GURU DEV-E NAMEH**
Ich verneige mich vor der allumfassenden, unsichtbaren Weisheit.

Um die bestmögliche Erfahrung des Kundalini Yoga und der Meditationen zu machen, ist es wichtig, dich in der zuvor beschriebenen Weise einzustimmen und die Anweisungen zu den Übungen und Meditationen genau zu befolgen.

Thematische Infos

Kriyas | Übungsreihen

Meditationen

**Am Ende der Yogastunde - Ausstimmung**

Setze dich in einfache Haltung und lege die Handflächen zusammen in die Gebetshaltung, wie bei der Einstimmung am Anfang. Schließe die Augen und beende die Stunde mit dem Sonnenscheinlied („Sunshine Song"). Singe das Lied mit der gleichen aus dem Herzen kommenden Neutralität, mit der du dich auch eingestimmt hast:

> **May the longtime sun shine upon you**
> **All love surround you**
> **And the pure light within you**
> **Guide your way on.**
>
> Übersetzung:
> Möge die immerwährende Sonne auf dich scheinen,
> Liebe dich leiten,
> Und das reine Licht deines Inneren
> Dir stets den Weg weisen.

Chante anschließend 1- bis 3-mal ein langes **Sat Nam**.
In diesem Gesang ist der Klang Saaaaaat 7-mal so lang wie das Nam. Nam wird eine kleine Terz niedriger gesungen als Sat. Durch diesen Gesang spürst du, oder, wenn du LehrerIn bist, die SchülerInnen, die Harmonie, welche durch den Unterricht entstanden ist. Wenn dir danach zumute ist, kannst du ein kurzes, nicht konfessionell gebundenes Gebet für den Frieden sprechen oder um Segen für die TeilnehmerInnen der Yogastunde bitten. Vielleicht möchtest du auch deine Dankbarkeit ausdrücken. Anschließend kannst du dich als ein Zeichen des Respekts und der Dankbarkeit vor der unendlichen Kundalini-Energie und dem universellen Bewusstsein verneigen.
Das Verbeugen ist eine Übung, die das Gehirn durchblutet und deshalb die Aufnahme des Erlernten erleichtert.
Es führt den Kopf in eine Stellung unterhalb des Herzens und symbolisiert damit den tiefergehenden Prozess, durch den die Lehre nicht nur rein mental akzeptiert wird, sondern das Herz geöffnet wird, um sie aufzunehmen.

SAT NAM

# Legende

**Diese Neuauflage will dir im Vorfeld einige Hinweise zum erwartenden Zeitbedarf von Kriyas und Meditationen geben.** Die „netto“ Zeitangaben beinhalten jedoch keine Zwischenentspannungen, Erklärungszeiten, oder andere Pausen. Wenn du die Übungsreihen verkürzen möchtest, sind die Originalzeitangaben, wie bereits erwähnt, immer nur proportional für alle Übungen eines Sets zu kürzen.
Es gibt aber zu einzelnen Übungen manchmal variable Zeitmöglichkeiten - hier kannst du z.B. frei entscheiden.
Diese Option zeigt sich dann natürlich auch in einer variablen Gesamtzeitangabe.

Manche Übungen sind nicht nach Zeit, sondern nach Häufigkeit der Übungsfolge vorgegeben. Enthält eine Kriya solche Übungen, findet sich in der Gesamtzeitangabe ein + Zeichen hinter der Minutenangabe, da wir zwar Erfahrungswerte eingerechnet haben, hier aber individuelle Geschwindigkeit und Tagesform zu Unterschieden führt.

**Das Beispiel** zeigt eine Kriya, deren reine Übungszeit ungekürzt zwischen 12 und 16 Min. wählbar ist.
Wegen enthaltener Übung(en) mit Häufigkeitsangabe entsteht evtl. individuell zusätzlicher Zeitbedarf (+).
Eine Kriya mit vielen solcher Übungen wird mit „variiert“ angegeben.

# Pranayama Kriya 1

24-25
Min.

**NASENLOCHATMUNG LINKS**

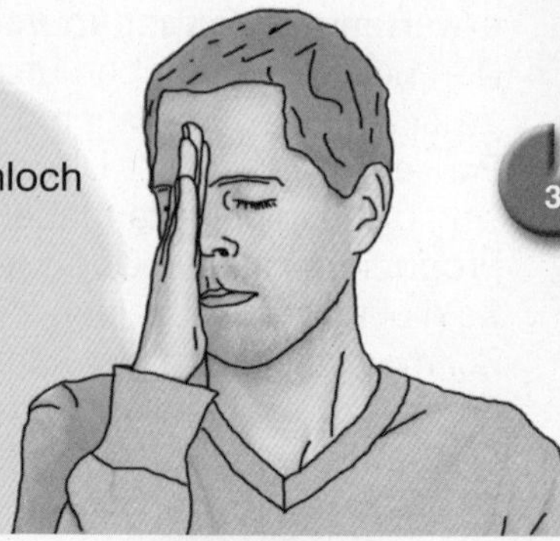

1. 
- Sitze in einfacher Haltung.
- Bilde mit den Fingern der rechten Hand eine „Antenne“ und halte das rechte Nasenloch mit dem rechten Daumen zu.

**Atem: 3 Min. lang und tief,**
**durch das linke Nasenloch.**

**Ende:**
- Atme dann ein,
- halte den Atem 10 Sekunden,
- atme aus.

2. **NASENLOCHATMUNG RECHTS**

- Wiederhole Übung 1,
- nimm aber jetzt die linke Hand und blockiere das linke Nasenloch.

**Atem: 3 Min. lang und tief,**
**durch das rechte Nasenloch.**

**Ende:**
- Atme dann ein,
- halte den Atem 10 Sekunden,
- atme aus.

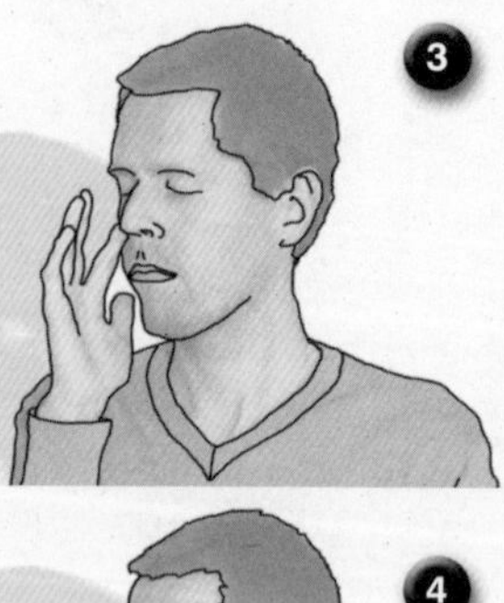

3. **NASENLOCHATMUNG WECHSELSEITIG**
- Atme durch das linke Nasenloch ein,
- atme durch das rechte aus, jedesmal mit langen, tiefen Atemzügen.

Benutze den Zeigefinger und den kleinen Finger, um abwechselnd die Nasenlöcher zuzuhalten.

**Atem: 3 Min. lang und tief,**
**rechts ein, links aus.**

4. 
- **Wiederhole Übung 3,**
- atme jedoch durch das rechte Nasenloch ein und durch das linke aus.

**Atem: 3 Min. lang und tief,**
**links ein, rechts aus.**

## 5 GYAN MUDRA

- Sitze in einfacher Haltung,
- die Hände in Gyan Mudra:
  Daumen und Zeigefinger bilden einen Kreis und berühren sich an den Fingerspitzen, die restlichen Finger sind ausgestreckt.
- Konzentriere dich völlig auf das „dritte Auge" (den Punkt zwischen den Augenbrauen)

**Atem: 7,5 Min. Feueratem.**

**Ende:**

- Atme dann ein,
- halte den Atem an und lasse die Energie zirkulieren,
- atme aus,
- **entspanne oder meditiere 5 Min.**
- Danach chante ein langes SAAAAAT NAM.

### KOMMENTAR

Diese Übungsfolge öffnet die Prana-Kanäle und gleicht den Atem in beiden Körperhälften aus.

Sie wird oft vor eine körperlich anstrengende Übung gesetzt. Wenn man geistigen Aufschwung und einen klaren Kopf braucht, kann sie aber auch sehr gut für sich allein durchgeführt werden.

# Pranayama Kriya 2

17-20+ Min.

**1 GYAN MUDRA**

- Sitze in einfacher Haltung,
- die Hände in Gyan Mudra, Arme gestreckt.

**Atem: 7 Min. Feueratem.**

**Ende:**

- Atme ein,
- halte den Atem 30 Sekunden,
- atme aus.

**2 NASENATMUNG**

- Bleibe in der Sitzhaltung.
- Beginne, durch beide Nasenlöcher lang und tief zu atmen.
  Atme tiefer als normal, so dass der ganze Brustkorb sich etliche Zentimeter hebt.

**Atem: 5 Min., lang und tief.**

**Ende:**

- Atme ein,
- halte den Atem 15 Sekunden,
- atme aus.

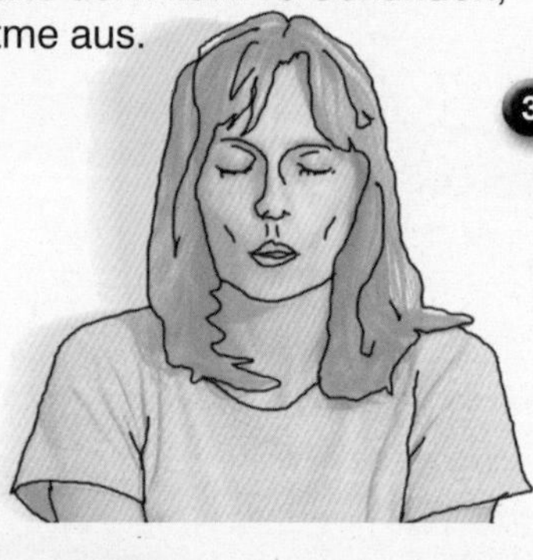

**3 MUND/NASEN ATMUNG**

- Beginne unmittelbar danach, durch die gespitzten Lippen ein und durch die Nase auszuatmen.

**Atem: 3 Minuten.**

**Ende:**

- Atme ein,
- halte den Atem kurz,
- atme aus.

**4 FEUERATEM**

**Atem: 2 Min. kräftigen, regelmäßigen Feueratem.**

**Ende:**

- Atme ein, Konzentration auf das „dritte Auge“,
- halte den Atem solange du kannst, atme aus.

**4 MEDITATION**

**Atem: normal.**

- Fühle, wie der Energiestrom durch den ganzen Körper geht.

# Pranayama Kriya 3

10 Min.

10

**1 WECHSELSEITIGE NASENATMUNG**

- Sitze in einfacher Haltung,
- linke Hand in Gyan Mudra, Arm gestreckt.
- Mache ein „U" mit der rechten Hand.
- **(A)** Atme durch das linke Nasenloch ein und halte dabei das rechte Nasenloch mit dem Daumen zu.

- **(B)** Atme durch das rechte Nasenloch aus und halte dabei das linke mit dem kleinen Finger zu.
- Denke SAT beim Einatmen und NAM beim Ausatmen

**Atem: 10 Min. gleichm. und tiefe Wechselatmung der Nase.**
**Ende:**

- Atme ein, atme aus,
- atme abermals ein und vollständig aus.
- Halte den Atem ausgeatmet und spanne Mulbandh an.

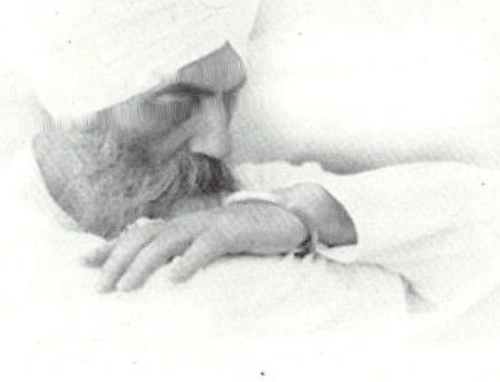

**KOMMENTAR**

Pranayama 2
Die erste Übung ist sehr gut zur Blutreinigung und ein guter Energiespender.

Pranayama 3
Die zweite Übung fördert das seelische Gleichgewicht. Wenn du morgens aufstehst und das Gefühl hast, „mit dem linken Fuß zuerst" aufgestanden zu sein, dann wird dich diese Übung wieder ins Gleichgewicht bringen.

# Sitali Pranayama

15 Min.

## 1 SITALI ATMUNG

- Sitze mit gerader Wirbelsäule in bequemer Meditationshaltung.
- Rolle die Zunge zu einem „U“ und schiebe sie leicht durch die Lippen nach vorn.
- Atme tief und sorgfältig über die so gerollte Zunge durch den Mund ein.
- Atme immer durch die Nase wieder aus.

5

**Atem: 5 Min. Sitali Atmung, Zunge ein - Nase aus.**
**Ende:**

- Atme ein,
- halte den Atem,
- ziehe die Zunge zurück,
- atme aus und entspanne.

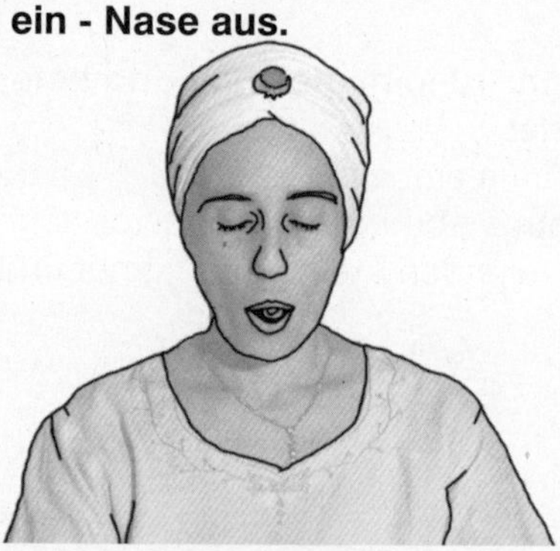

**2 Wiederhole diese 5 Min. Übung.**

5

**3 Wiederhole erneut.**

5

**KOMMENTAR**

*Sitali Pranayam ist eine weithin bekannte Übung. Sie wirkt beruhigend und kühlt die Wirbelsäule im Bereich zwischen dem 4. und 6. Wirbel. Diese Wirbel regulieren die sexuellen Energien und haben Einfluss auf die Stoffwechsel-Funktionen. Diese Atemtechnik wird auch häufig benutzt, um Fieber zu senken. Große Kräfte der Verjüngung und Entgiftung werden dieser Atmung zugeschrieben, wenn sie regelmäßig durchgeführt wird. 52 Atemzüge täglich auf diese Weise können deine Lebensspanne erweitern.*
*Bei den ersten Versuchen schmeckt die Zunge oft bitter. Das ist ein Zeichen dafür, dass ein Entgiftungsprozess in Gang gesetzt wird. Wenn du die Übung fortsetzt, wird die Zunge schließlich süß schmecken.*

# Pranayama Kriya

18-26 Min.

## PRANAYAMA ÜBUNGSREIHE

(Notizen von Guru Rattan Kaur aus dem Unterricht von Gurucharan Singh in Boston in den 1970er Jahren)

### 1 AUSGLEICH VON PRANA UND APANA

2-3

- Sitze in einfacher Haltung,
- strecke die Arme zur Seite parallel zum Boden aus,
- die Handflächen zeigen nach oben.

**Atem: 2-3 Min. Feueratem.**

**Ende:**

- Atme ein,
- drehe die Hände mit den Handflächen nach außen,
- drücke sie dabei kräftig nach außen,
- halte diese Stellung und atme aus.

### 2 AUFNAHME VON SONNENENERGIE

2-3

- Die Oberarme werden parallel zum Boden gehalten.
- Unterarme angewinkelt, Handflächen zeigen nach vorn.
- Daumen und Ringfinger beider Hände berühren sich jeweils an den Fingerspitzen (Surya Mudra; Surya = Sonne).
- Atme in 4 gleichen Teilen ein,
- atme in 4 gleichen Teilen aus,
- pumpe dabei jedesmal den Nabelpunkt.

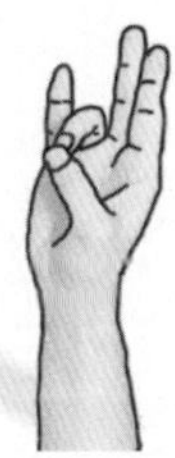

**Atem: 2-3 Min. Intervallatmung (4|4).**

**Ende:**

- Atme ein,
- lege die Handflächen vor dem Herzzentrum,
- spanne Mulbhand an,
- strecke dann die Hände nach oben,
- entspanne die Arme beim Ausatmen.

## ❸ VERTIKALES UND HORIZONTALES GLEICHGEWICHT DER AURA

2-3

- **a)** Strecke die Arme nach vorn, parallel zum Boden, und verschränke die Finger - die Handflächen zeigen nach vorn.
- Strecke die Arme beim Einatmen über den Kopf,
- bringe sie beim Ausatmen wieder in die Ausgangsposition.

2-3

- **b)** Strecke die Arme zu den Seiten parallel zum Boden aus, die Handflächen zeigen nach außen.
- Bringe die Handrücken beim Einatmen über dem Kopf aneinander,
- bringe die Arme beim Ausatmen wieder in die Ausgangsposition zurück.

**Atem: je 2-3 Min. normal.**
**Ende:** Atme ein und entspanne die Arme zu den Seiten.

## ❹

2-3

- Armhaltung wie in Übung 2,
- jedoch liegen jetzt die Kuppen von Daumen und Zeigefingern aneinander (Gyan Mudra).
- Drehe beim Einatmen den Körper zur linken,
- beim Ausatmen zur rechten Seite.

**Atem: 2-3 Min. normal.**

**5**

- Lege die Hände so auf die Schultern, dass die Daumen nach vorn, die übrigen Finger nach hinten zeigen.
- Neige den Oberkörper beim Einatmen nach links,
- beim Ausatmen nach rechts.
- Lasse den Kopf dabei auf die Schultern sinken.

**Atem: 2-3 Min. normal.**

**6**

- Verschließe das rechte Nasenloch mit dem Daumen der rechten Hand,
- atme durch das linke Nasenloch ein.
- Verschließe das linke Nasenloch mit dem Ringfinger der rechten Hand,
- atme durch das rechte Nasenloch aus.

**Atem: 2-3 Min. schnell.**

**7**

- Rolle die Zunge zum „U“ (s. S. 28 „Sitali-Pranayama“)
- Atme durch die gerollte Zunge ein,
- durch die Nase aus.
- Ziehe dabei das Kinn zur Brust heran.

**Atem: 2-3 Min. Sitaliatmung**

**8**

- Atme durch die Nase ein, durch den Mund aus, dann
- durch den Mund ein, durch die Nase aus.
- Halte dabei die Hände auf Höhe des Herzzentrums,
- die Kuppen aller Finger berühren sich,
- die drei mittleren Finger liegen fest aneinander.
- Daumen und kleine Finger sind abgespreizt.
- Siehe zwischen den Fingern hindurch auf die kleinen Finger.

**Atem: 2 Min., s.o.**

# Atem-Meditationskriya

**FÜR DAS GLEICHGEWICHT DER DRÜSENFUNKTION**

**13-39** Min.

1

- Sitze in einfacher Haltung.
- Teile dein Einatmen in 16 kurze Atemzüge auf.
- Mit jedem Teil-Atemzug lasse im Geist das Mantra SAT NAM mitschwingen.
- Beim Ausatmen unterteile deine Atemstöße wieder in 16 kurze Stöße, denke dabei ebenfalls wieder SAT NAM.
- Bei dieser Atemübung ziehe deinen Nabel bei jedem Einatmen ein wenig mehr ein.

5-31

**Atem: Intervallatmung (16|16).**
**Ende/Dauer:** Beginne mit 5 Min. täglich. Füge jeden Tag 1 Min. mehr hinzu, bis zu einem Maximum von 31 Min.

2

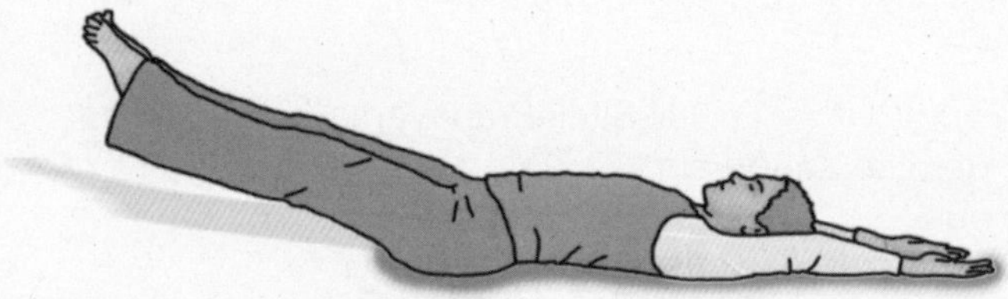

3+2

- Liege auf dem Rücken. Strecke die Arme über dem Kopf auf dem Boden aus, die Handinnenflächen nach oben gerichtet.
- Atme ein, hebe beide Beine ca. 15 cm in die Höhe.
- Atme aus, lasse die Beine langsam herunter und drücke das Kinn gegen die Brust.

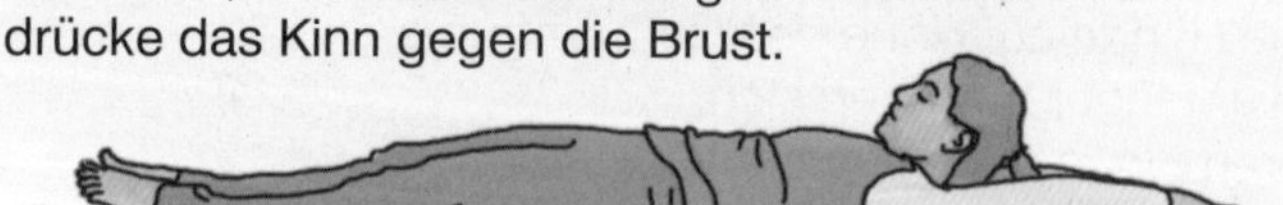

**Atem: 3 Min. Lange Atemzüge**
**Ende:** Danach entspanne für 2 Min.

**3**

- Sitze in einfacher Haltung.
- Fasse die Ellbogen mit über der Brust gekreuzten Armen.
- Atme ein, komme dabei in eine ganz aufrechte, gerade Sitzhaltung.
- Atme aus, beuge dich dabei nach vorn,
  bis deine Stirn den Boden berührt.

3

**Atem: Langer, tiefer Atem.**
**Dauer:** 3 Min.

### KOMMENTAR

Deine Drüsen sind die Wächter deiner physischen Gesundheit und deiner Festigkeit im unendlichen Bewusstsein. Ihre Sekretionen bestimmen die chemische Zusammensetzung des Blutes, das Blut wiederum bestimmt die Reaktionsweisen deiner Persönlichkeit. Wenn du z.B. unter Jodmangel der Schilddrüse leidest, wird es dir an Geduld fehlen und du wirst infolge dessen selten ruhig und beherrscht bleiben können.

Wenn du die Meisterschaft eines unbegrenzten Bewusstseins in dir erreichen willst, dann musst du darauf hinarbeiten, dass das physische Bewusstsein dir dabei behilflich ist und dich nicht behindert. Es ist am wirksamsten, daran zu arbeiten, so lange man noch jung ist. Wird man erst alt, ist es oft zu spät, dem Altern Einhalt zu gebieten. Beginne jetzt damit, dein Drüsensystem in Harmonie zu bringen, so dass Alter, Krankheit und Ermüdung nicht die Freude des Gottbewusstseins trübt, das du aufbauen willst. Wenn du dabei bleibst, die erste Übung 5 Minuten lang auszuführen, dann wiederhole diese Kriya insgesamt 3-mal, um die Drüsen maximal anzuregen.

# Anfängerübung 1

17-20 Min.

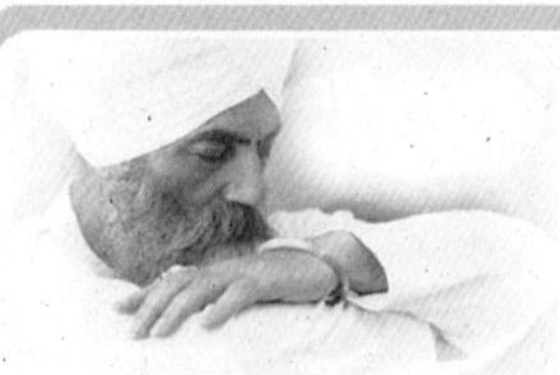

*„Geduld gibt dir die Kraft zur Übung, Übung gibt dir die Kraft, die notwendig ist, um zur Vervollkommnung zu gelangen."*

*Yogi Bhajan.*

**1** 7

- Sitze in einfacher Haltung.
- Lege die Handflächen vor der Brust zusammen, die Finger zeigen nach oben.
- Schließe die Augen und konzentriere dich auf das „dritte Auge". Lasse nur positive Gedanken zu. Nimm dir vor, gesund, glücklich und heil zu sein.

**Atem: normal.**
**Ende/Dauer:** 7 Min. fortsetzen.

**2** 5+2

- Lege dich auf den Rücken.
- Strecke die Zehen nach vorn.

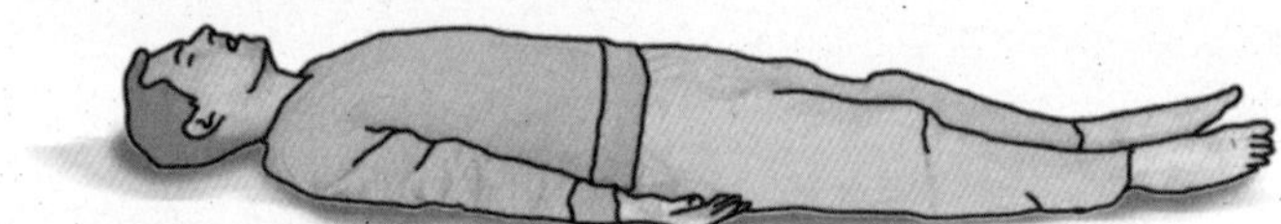

**Atem: lang und tief.**
**Ende/Dauer:** 5 Min., dann 2 Min. entspannen.

**3** 5

- Bleibe in der Rückenlage,

**Atem:**

- mache **1 Min. Feueratem**,
- dann atme ein, **halte den Atem 15 Sek**.
- Atme **8-mal lang und tief** durch.

**Ende/Dauer:** Wiederhole diese Reihenfolge noch 3-mal.

**4** 2

- Entspanne vollständig für 2 Min.

**5**

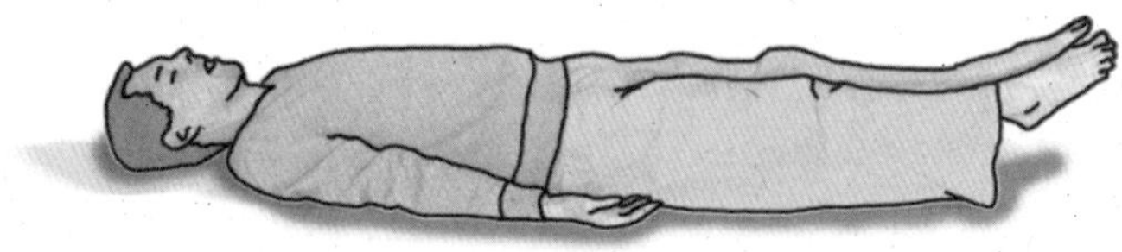

- Liege auf dem Rücken.
- Strecke die Zehen nach vorn.
- Hebe beide Beine ca. 15 cm vom Boden und atme dabei tief ein.
- Halte diese Stellung 15 Sekunden lang.
- Dann lege die Beine langsam wieder auf den Boden.
- Wiederhole diese Reihenfolge noch 3-mal.

**Atem: tief einatmen.**
**Dauer:** 3-mal wiederholen. Ca. 1 Min.

**KOMMENTAR**

Dies ist eine einfache Übungsreihe, welche von Anfängern leicht durchgeführt werden kann.

Das Atmen soll die Lungen und das Zwerchfell leicht dehnen und das Nabelzentrum anregen.

Die Anregung dieser beiden Energiequellen erlaubt eine tiefe Entspannung.

Diese Übungsreihe eignet sich daher ausgezeichnet zur Lösung der Spannungen eines normalen Alltags.

Thematische Infos
Kriyas | Übungsreihen
Meditationen

# Anfängerübung 2

**19** Min.

**1**
- Sitze auf der linken Ferse.
- Strecke das rechte Bein bis in die Zehen nach vorn.
- Beuge den Oberkörper vor und fasse mit beiden Händen die rechten Zehen; halte dabei die Wirbelsäule so gerade wie möglich und schaue die Zehen an.

7

**Atem: 2 Min. normal, dann 1 Min. Feueratem.**
**Ende/Dauer:**
- Wechsle die Beine und wiederhole die Übung.
- Entspanne 1 Min.

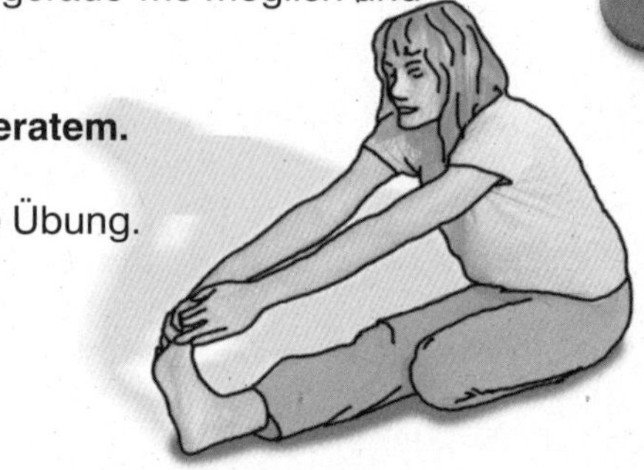

**2** **BOGENPOSITION**
- Liege auf dem Bauch.
- Greife die Fußgelenke und ziehe dich zu einem Bogen hoch, so dass sich auch die Knie vom Boden abheben.

3

**Atem: 2 Min. Feueratem.**
**Ende:** Entspanne flach auf dem Boden

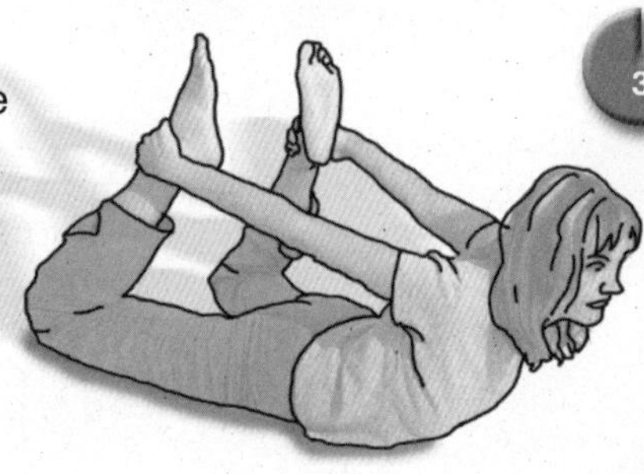

**3**
- Setze dich zwischen die Fersen (Zölibat-Haltung).
- Hebe die Arme 60° über die Horizontale, die Handinnenflächen zueinander gekehrt.
- Bewege dich mit dem Atmen auf und ab: erhebe dich beim Einatmen auf die Knie und setze dich beim Ausatmen wieder zwischen die Beine.

2

**Atem: normal...**
**Ende:** nach 1 Min. atme kräftig aus, spanne Mulbhand an.

- Wiederhole das Ganze dann noch einmal.

2

**4**

- Stehe auf. Stelle dich auf die Zehenspitzen.
- Strecke die Arme nach oben. Recke dich so hoch es geht.
- Federe 5 Sek. lang auf und ab.
- Setze dich in die einfache Haltung. Versuche, langsam und ohne die Hände zu benutzen, aufzustehen.

**Atem: normal (Nasenatmung).**
**Ende/Dauer:** nach 2 Min.

**5**

- Sitze in einfacher Haltung, die Hände in Gyan Mudra. Versenke dich.

5

**Atem: normal (Nasenatmung).**
**Dauer:** 5 Min.

## KOMMENTAR

Diese Übungsreihe setzt sexuelle Energie in meditative Energie um.
Jene Nerven in den Oberschenkeln werden gestärkt, welche die sexuellen Kräfte regulieren.
Die Übungen 1 und 2 geben die Kundalini-Energie zur Selbstheilung frei.

Für eine weitere Vertiefung kann diese Übungsserie 2- bis 3-mal wiederholt werden, so dass man ins Schwitzen gerät.

# Kriya vor dem Aufstehen

**26+** Min.

**1** • Liege auf dem Rücken. Bewege deine Füße vor und zurück.

**Atem: normal.**
**Dauer:** 2 Min.

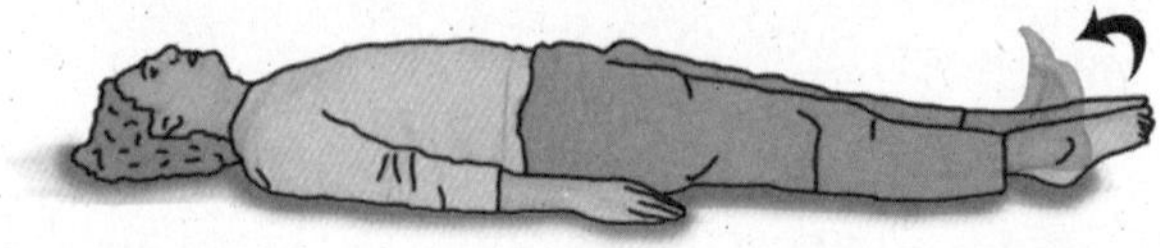

**2** • Hebe die gestreckten Beine beim Einatmen um 65°,
• senke sie beim Ausatmen.

**Atem: normal.**
**Dauer:** 3 Min.

**3**

• Hebe die Beine beim Einatmen um 90° und spreize sie so weit wie möglich.
• Bringe sie beim Ausatmen zusammen und senke sie wieder.

**Atem: normal.**
**Dauer:** 3 Min.

**4** • Lege dich auf den Bauch. Das Kinn berührt den Boden.
• Strecke beide Arme neben dem Körper aus und schlage abwechselnd mit rechter und linker Ferse die Pobacken.

**Atem: normal.**
**Dauer:** 3 Min.

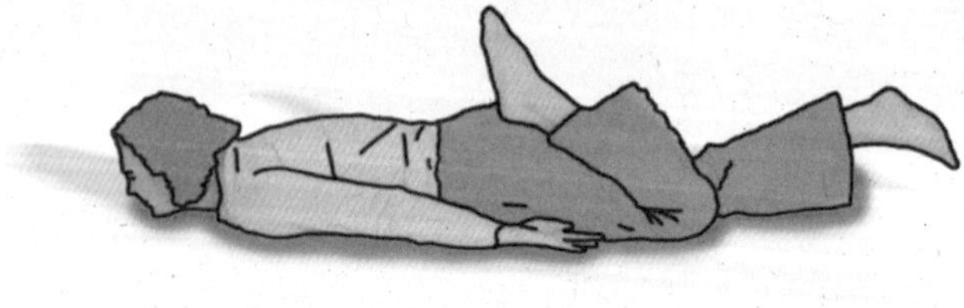

**5**
- Bleibe auf dem Bauch liegen. Die Handflächen zeigen nach unten.
- Hebe beim Einatmen die Hüften,
- lasse sie beim Ausatmen wieder sinken (Hüftstoß).

**Atem: normal.**
**Dauer:** 3 Min.

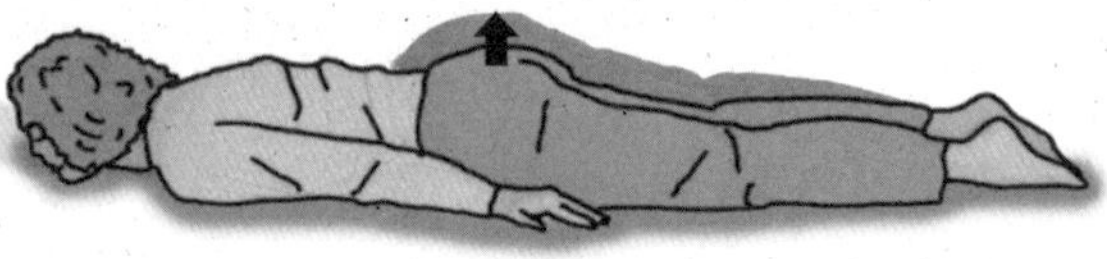

**6** **KOBRAPOSITION**
- Komme beim Einatmen in die Kobraposition: lege die Hände unter die Schultern und stütze dann den Oberkörper hoch.
- Der Kopf wird in den Nacken gestreckt, die Hüften sollen am Boden bleiben, die Arme sollen gestreckt sein. (Alternative: Falls das nicht möglich ist, kannst du die Arme an den Ellbogen beugen und dich auf die Ellbogen stützen).
- Senke den Oberkörper beim Ausatmen.

**Atem: normal.**
**Dauer:** 3 Min.

**7**
- Sitze mit gekreuzten Beinen.
- Bringe die Stirn beim Ausatmen zum Boden,
- richte dich beim Einatmen wieder auf.

**Atem: normal.**
**Dauer:** 20-mal | ca. 2 Min.

## 8 BÜNDELROLLEN

- Lege dich auf den Rücken, strecke die Arme dicht am Körper aus.
- Rolle den ganzen Körper nach rechts und wieder zurück,
- dann nach links und wieder zurück.
- Halte dabei den Körper ganz gerade.

**Atem: normal.**
**Dauer:** 3 Min.

## 9

- Stehe auf und mache Fäuste. Bringe die Hände abwechselnd zur Schulter (30 Sekunden).
- Drehe jetzt gleichzeitig den Kopf zu jeweils der Seite, auf der der Arm gesenkt wird (30 Sekunden).
- Fahre fort und ziehe dazu noch das Knie auf der Seite zur Brust hoch, auf der die Hand zur Schulter gehoben wird.

**Atem: normal.**
**Dauer:** 2 Min.

## 10

- Entspanne auf dem Rücken liegend.

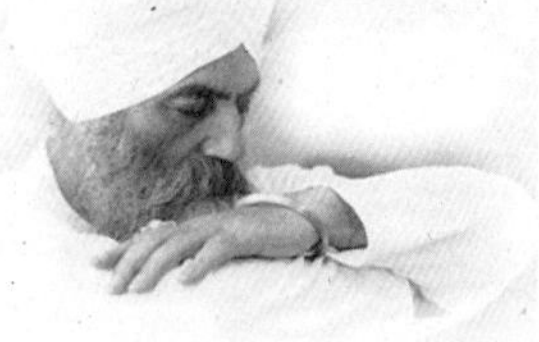

### KOMMENTAR

*Du kannst alle Übungen ausführen, ohne das Bett zu verlassen. Du kannst deinen Körper Teil für Teil, Organ für Organ und Winkel für Winkel trainieren. Der Körper braucht Übungen. Aber sie sollen nicht nur auf einen einzigen Teil des Körpers wirken. Übungen, die das tun, können gefährlich sein. Wenn man nur eine einzige Übung macht, lange und mit viel Kraftaufwand, schädigt man für gewöhnlich seinen Körper damit.*

# Anti-Stress Übungen

10-20 Min.

**1 HERZSTÄRKUNGS-KRIYA**

- Sitze mit gekreuzten Beinen in einfacher Haltung, der Rücken ist gerade. Schließe die Augen.
- Hebe die Arme im Winkel von 60° hoch, Handflächen nach oben, parallel zum Boden.

3-5

**Atem: 1-3 Min. lange, tiefe Nasenatmung.**
**Ende:** Entspanne für 1,5 Min.

**2**

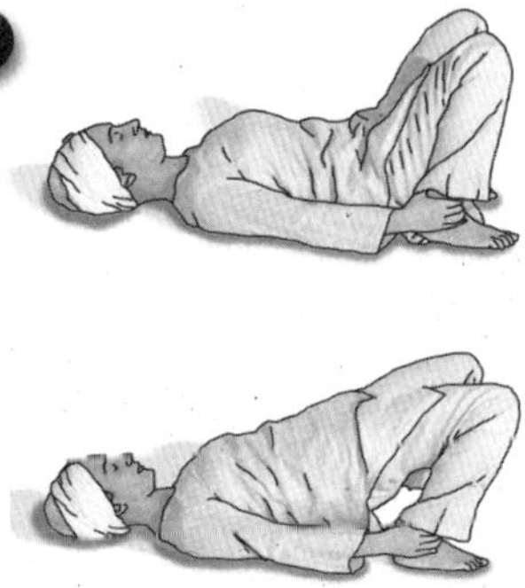

3-5

- Liege auf dem Rücken, bringe deine Füße zum Gesäß und umfasse die Fußgelenke mit den Händen.
- Hebe jetzt die Hüften hoch soweit du kannst; der Nabelpunkt ist ganz durchgedrückt.
- Atme ein, halte den Atem an und drücke dich noch etwas höher,
- entspanne mit dem Ausatmen und komme in die Ausgangsposition zurück.

**Atem: Nasenatmung.**
**Dauer/Ende:** 12- bis 26-mal. Entspanne für 1,5 Min.

**3 DREIECKSPOSITION**

3-5

- Komme auf Hände und Knie und drücke die Hüften hoch, bis du ein 60°-Dreieck bildest.
- Lasse den Kopf entspannt hängen.
- Die Hände sind schulterbreit auseinander. Verteile dein Gewicht gleichmäßig auf Hände und Füße und schließe die Augen.
- Knie und Ellbogen sind durchgedrückt.

**Atem: 1-3 Min. lange, tiefe Atmung**
**Ende:** Entspanne für 1,5 Min.

**4**

- Sitze in einfacher Haltung mit geradem Rücken.
- Lasse den Kopf rechts auf die Schulter fallen und beginne ganz langsam mit dem Kopf zu kreisen.
- Atme ein, wenn der Kopf nach hinten kreist,
- atme aus, wenn er nach vorn kreist.

**Dauer:** 12-mal nach jeder Richtung.

12x

# Kriya für die Wirbelsäule

variiert

**1 KAMELRITT**

108x

- Sitze in einfacher Haltung.
  Halte die Knöchel mit beiden Händen und atme tief ein.
  Drücke das Rückgrat nach vorn und ziehe den Brustkorb hoch.
  Halte dabei den Kopf gerade, so dass er sich nicht hin- und herbewegt.
- Beim Ausatmen biege die Wirbelsäule nach hinten. (unteres Bild)

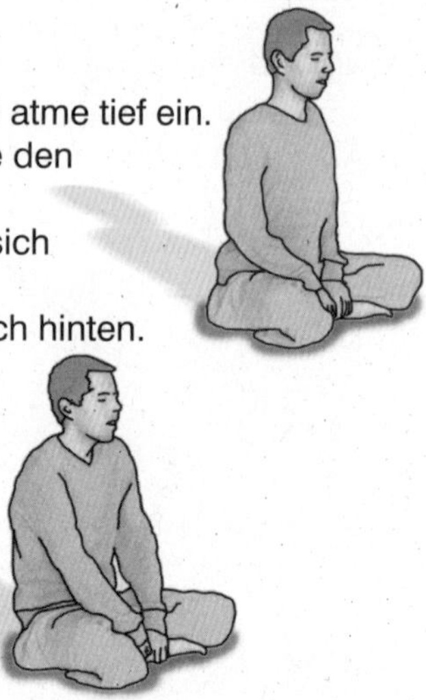

**Atem: normal.**
**Dauer:** 108-mal, danach einatmen und 1 Min. ausruhen.

**2 KAMELRITT (Variante)**

108x

- Sitze auf den Fersen. Lege die Hände flach auf die Oberschenkel.
- Drücke den Rücken beim Einatmen nach vorn,
- beim Ausatmen nach hinten.
- Denke SAT beim Einatmen, NAM beim Ausatmen.

**Atem: normal.**
**Dauer:** 108-mal, danach einatmen und 2 Min. ausruhen.

**3 YOGISCHE WASCHMASCHINE**

26x

- Sitze in einfacher Haltung, halte die Schultern fest, Finger nach vorn, Daumen nach hinten.
- Atme ein und drehe dich nach links,
- atme aus und drehe dich nach rechts.

**Atem: Lange, tiefe Nasenatmung.**
**Dauer:** 26-mal, mit fließender Bewegung in Ausgangsposition 1 Min. ausruhen.

108x

**4**
- Halte die Arme im Bärengriff am Herzzentrum.
- Wippe mit den Ellbogen auf und ab.

**Atem: lang und tief.**
**Dauer/Ende:** 108-mal, dann ein-, ausatmen
- ziehe dann die Arme kräftig auseinander, wobei du sie umso fester ineinander verkrallst.
- Entspanne 30 Sek.

**5**
- Sitze in einfacher Haltung, halte die Knie fest.
- Fange mit ausgestreckten Armen an, den oberen Teil des Rückgrats zu beugen.

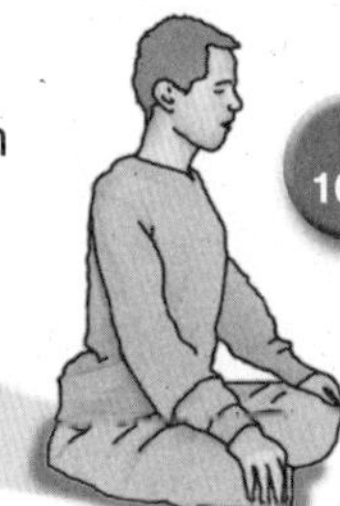

108x

**Atem:**
- Atme ein, wenn der Brustkorb nach vorn kommt,
- und aus, wenn die Schultern nach vorne kommen.
  Beim Einatmen nach vorne,
  beim Ausatmen zurück.

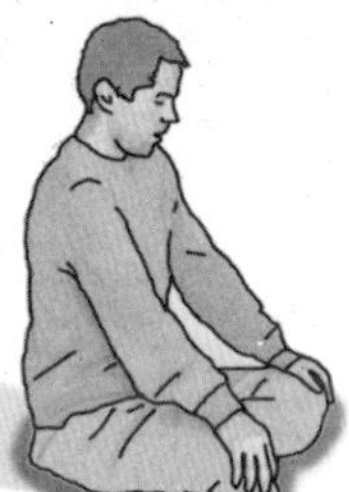

**Dauer/Ende:** 108-mal
- Ruhe 1 Min. aus.

**6**

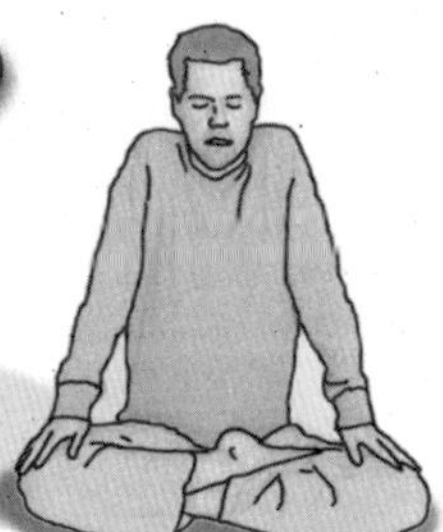

- Ziehe die Schultern beim Einatmen hoch, lasse sie beim Ausatmen fallen

2

**Dauer/Ende: maximal 2 Min.**
Atme ein und halte 15 Sek. den Atem mit hochgepreßten Schultern.
Entspanne die Schultern.

10x

**7**
- Rolle den Kopf langsam 5-mal nach rechts, dann 5-mal nach links.

**Dauer/Ende: 10-mal,** dann atme ein und ziehe dabei den Nacken gerade.

**8**
- Halte die Finger vor der Kehle im Bärengriff verkrallt.
- Bringe sie in dieser Haltung über den Kopf.
- Einatmen, spanne Mulbandh an.
- Ausatmen, spanne wieder Mulbandh an.

3x

**Atem: halten mit Mulbandh.**
**Dauer:** Wiederhole beide Zyklen 2-mal.

**9**

Darstellung: Alternative Sitzposition bei Problemen im Fersensitz.

**SAT KRIYA**
- Sitze auf den Fersen, strecke die Arme über den Kopf.
- Verschränke alle Finger außer den Zeigefingern, die ausgestreckt nach oben zeigen.
- Sage laut „SAT", ziehe dabei kräftig den Bauch ein;
- sage laut „NAM" und entspanne den Bauch wieder.

3

**Atem: automatisch.**
**Dauer/Ende:** Wiederhole dies mindestens 3 Min.
- Dann atme ein und presse die Energie vom unteren Teil des Rückgrats bis zur Schädeldecke.
Halte, presse, atme aus und entspanne.

**10** • Entspanne für 15 Min. vollständig auf dem Rücken.

15

**KOMMENTAR**

Das Alter kann man an der Beweglichkeit der Wirbelsäule bestimmen: um jung zu bleiben, muss man biegsam bleiben. Bei dieser Serie wird systematisch die ganze Wirbelsäule von der Basis bis zum Nackenansatz aktiviert. Alle 26 Wirbel werden stimuliert und alle Chakras bekommen einen Energiestoß. Diese Serie ist gut als Vorbereitung für eine Meditation geeignet.

In einer Anfängerklasse kann jede Übung, in der 108 Wiederholungen angegeben sind, 26-mal gemacht werden. Die Ruhepausen können dabei von 1 auf 2 Minuten ausgedehnt werden.

Fortsetzung rechts

# Gegen Depressionen

**1 Wie du dich aus Depressionen befreien kannst**

- Lege die Handflächen ineinander.
- Dann drücke sie fest zusammen und löse den Druck wieder (5- bis 10-mal).
- Wenn du den Druck löst, sind die Finger halb gestreckt.

Du kannst die Bewegung mit der rechten oder der linken Hand oben ausführen. Du kannst dich fühlen, wie du willst: Es gibt keinen Grund, dir darüber Sorgen zu machen. Deine eigenen Hände haben die beste Lichtenergie.

5-10x

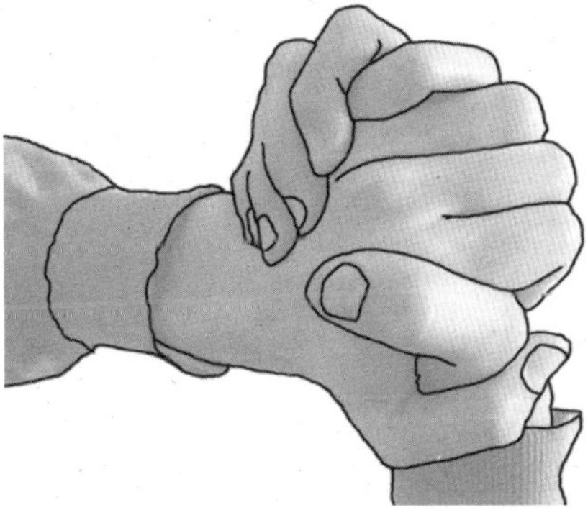

Viele Menschen, die diese Übungen erfahren haben, berichten von größerer geistiger Klarheit und Stärkung durch regelmäßiges Üben dieser Kriya. Zuzuschreiben ist diese Wirkung zu einem erheblichen Teil der verstärkten Zirkulation der Rückenmarksflüssigkeit, die eine entscheidende Wirkung auf das Erinnerungs- und das allgemeine geistige Vermögen hat.

Eine Untersuchung von Dr. PH. Neil Goodman im Dezember 1973 an der Universität von Kalifornien in Davis ergab, dass die Wirbelsäulenübungen während und nach den Übungen große Veränderungen in der EEG-Kurve aufwiesen. Die Übungen rufen einen Mehrstufen-Wirkungsverlauf hervor, der die Proportionen und die Stärke der Alpha-, Theta- und Deltawellen erheblich verändert.

# Schönheitsserie

12-16+ Min.

**1**

- Setze dich auf die Fersen und bringe die Hände direkt vor den Knien auf den Boden.
- Halte den Rücken gerade, die Arme gestreckt, den Kopf hoch.
- Drücke beim Einatmen die Wirbelsäule nach vorne,
- mit kräftigem Ausatmen so weit wie möglich nach hinten.

3

Bei starker Bewegung muss die Stirn heiß werden und die Rückenpartie schwitzen.

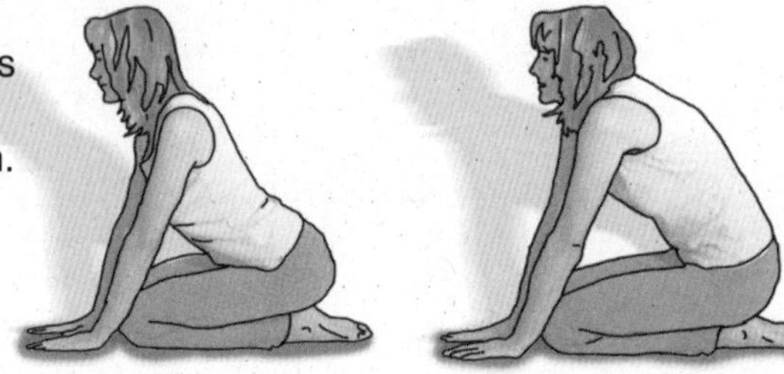

**Atem: normal.**
**Dauer:** 3 Min.

**2**

- Falte unmittelbar nach dieser Übung die Hände hinter dir, und bringe die gestreckten Arme so hoch wie möglich.

3-4

**Atem: normal.**
**Dauer/Ende:** 1-2 Min.
Atme danach ein und aus und entspanne dich für 2 Min.

**3**

- Strecke die Beine aus. Die Fersen sind geschlossen.
- Stütze die Hände etwas hinter dir auf den Boden.
- Bringe die gestreckten Beine langsam im 60°-Winkel nach oben

1-3

**Atem: normal.**
**Dauer:** 1-3 Min.

**4**

- Bringe sofort anschließend die Knie zur Brust, die Füße etwa 15 cm über dem Boden.
- Halte das Gleichgewicht wie zuvor.

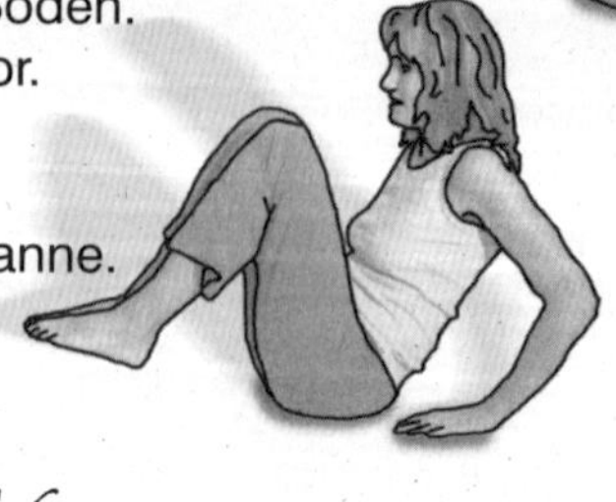

**Atem: Feueratem.**
**Dauer/Ende:** 1-2 Min., dann entspanne.
Atme danach ein und aus und entspanne dich für 2 Min.

3-4

**5**
- Strecke die Beine aus und greife deine Zehen.
- Halte die Arme und Beine vollkommen gestreckt.
- Mache einen geraden Rücken, das Kinn wird angezogen und auf die großen Zehen ein starker Druck ausgeübt.
- Rolle die Augen hoch und schließe die Lider.

**Atem: normal.**
**Dauer:** 2 Min. + Übung 6.

**6**
- Chante nun, ohne die Haltung zu verändern, das Mantra HAM.

HAM bedeutet „Wir". Lasse das „mmmmmmm" lange klingen, das setzt Spannungen frei.
Diese kurze Serie ermöglicht, einen anderen Menschen aus dir zu machen. Du wirst in einen Zustand versetzt, in dem du über die Unendlichkeit meditieren und dich im Einklang mit dem Kosmos befinden kannst. Sie fördert sowohl die geistige als auch die körperliche Schönheit. Schönheit bedeutet gute Gesundheit und eine Ausstrahlung der Seele durch den ganzen Körper nach außen.

## KOMMENTAR

Übung ❶ säubert das Blut und stärkt das gesamte Nervensystem. Regelmäßig geübt, bewahrt sie vor vielen Arten von Rückenschmerzen. Sie lässt auch Schmerzen in den Schultern verschwinden.
Übung ❷ verbessert den Kreislauf und damit das Aussehen von Wangen und Lippen, so dass du keine Kosmetika mehr brauchst.
Übung ❸ richtet den Hüftnerv auf. Wenn du die Übung gut durchführst, haben Kopfschmerzen kaum noch eine Chance bei dir. Falls deine Beine zu zittern beginnen, bedenke, dass es besser ist, wenn sie jetzt während der Übung zittern, als später im Leben beim Laufen.
Übung ❹ 50 kräftige Wiederholungen des Feueratems genügen, um das Blut vollkommen zu reinigen. Der Atem muss ununterbrochen fließen. Er säubert die Lungen und stimuliert die Lebenskraft, so dass du dir deine Jugend, Kraft und Arbeitsfähigkeit länger bewahren kannst.
Übungen ❺ und ❻ regen die beiden Hauptdrüsen des Blutes an: die Leber und die Milz.

# Für totales Gleichgewicht

53-55+ Min.

**1**
- Sitze in einfacher Haltung.
- Lege die rechte Hand in den Schoß.
- Hebe den linken Arm seitlich hoch auf 60°, die Finger bleiben zusammen.
- Die linke Handfläche zeigt nach oben.
- Drücke die linke Hand mit gestreckten Fingern so weit wie möglich nach unten – dies erzeugt eine große Spannung in der Hand und verursacht einen Druck auf den Ellbogenmuskel.
- Halte dabei den linken Ellbogen und das Rückgrat gerade.

**Atem: ruhig und tief.**
**Dauer:** 4 Min.
Wechsle die Hände und wiederhole die Übung für weitere 4 Min. mit dem rechten Arm.

12

- Nun halte beide Arme hoch auf 60° und drücke beide Hände nach unten.
- Meditiere auf das Fließen der Energie, und gestatte dieser Energie, dich auszugleichen.

**Der Atem wird anfangen, in einem besonderen Verhältnis ein-und auszugehen. Er wird mit dem Energiefluß übereinstimmen.**

**Dauer:** 4 Min.

**2**
- Strecke die Arme in einem 60°-Winkel nach oben.
- Mache Fäuste, wobei die Daumen innen liegen.
- Bewege die Fäuste in Kreisen um das Handgelenk herum.
- Halte die Ellbogen gerade.
- Führe jede Umdrehung langsam und gleichmäßig aus.

6

Dies sind sehr einfache Übungen und es gibt keine Eile.
**Dauer:** 3 Min.

- Nun bringe die Arme parallel zum Boden, halte noch immer die Fäuste.
- Mache die gleiche kreisende Bewegung wie oben, jedoch füge jetzt noch eine Kreisbewegung der Ellbogen hinzu.

**Dauer:** 3 Min.

3
- Sitze in einfacher Haltung,
- strecke die Arme zur Seite aus, parallel zum Boden,
- die Ellbogen sind durchgedrückt.
- Halte die Finger und Daumen zusammen
- runde deine Hände ein bisschen.

Übe  weder Feueratem noch schweres Atmen aus, sondern atme ganz normal. Gehe durch das Stadium hindurch, wo du schreien möchtest, dann wird die Zeit kommen, wo einfach ein „Ahhh“ herauskommt.

**Atem: normal.**
**Dauer:** 10 Min.

4
- Strecke die Arme gerade hoch über den Kopf.
- Die Ellbogen berühren die Ohren.
- Mache Fäuste und lege die Daumen nach innen.
- Strecke die Zeigefinger, dann schließe sie wieder,
- strecke die Mittelfinger, schließe sie wieder,
- strecke die Ringfinger, schließe sie wieder,
- strecke die kleinen Finger, und schließe sie wieder.

Öffne jeden Finger ganz. Diese Übung ist sehr gut für das Gehirn. **Dauer:** 2 Min.

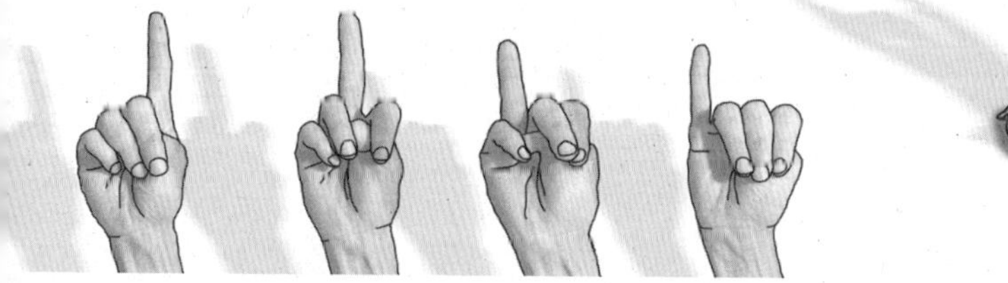

**5** **KOBRA POSITION**

2

- Stütze dich auf deine Hände, die Arme möglichst durchgedrückt, die Hüfte bleibt auf dem Boden (Variante: stütze dich auf deine Ellbogen).
- Strecke dabei die Zunge ganz heraus,
- lege den Kopf in den Nacken und halte das Kinn hoch.

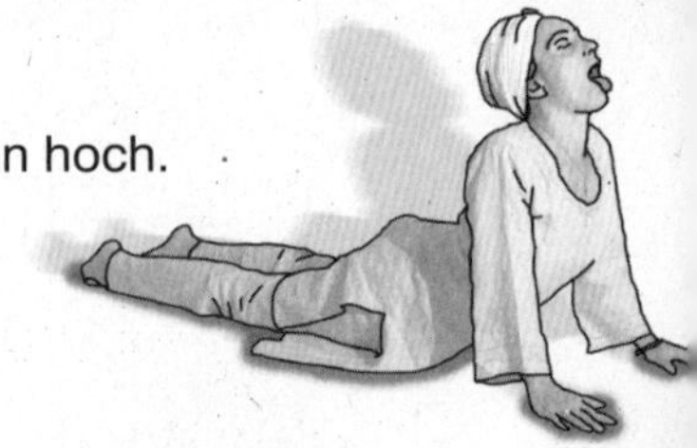

**Atem: Mundatmung, lang und tief**
**Dauer:** 2 Min.

**6**

3,5

- Sitze in einfacher Haltung.
- Strecke die Zunge heraus und rolle sie etwas ein.

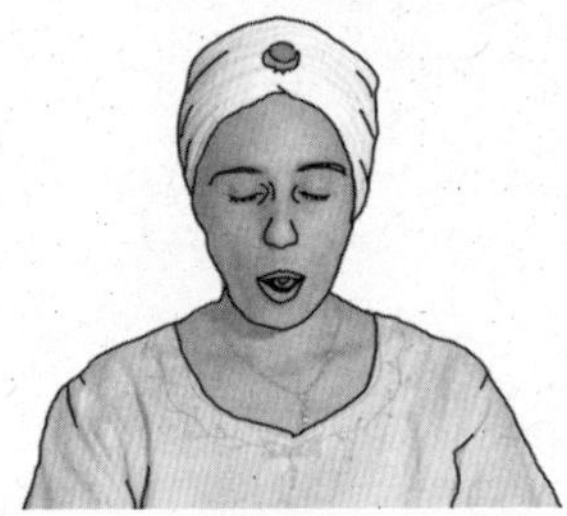

**Atem: Sitali-Atmung.**
**(Atme durch die gerollte Zunge ein und durch die Nase wieder aus).**
**Dauer:** 3,5 Min.

**7**

104 x

- Sitze in einfacher Haltung. Lege die Hände auf die Knie.
- Mache Kreise mit dem Oberkörper und rolle dabei wie ein Mühlstein mit dem Oberkörper über die Hüften und das Gesäß.

**Atem: Sitali-Atmung.**
(Atme durch die gerollte Zunge ein und durch die Nase wieder aus).
**Dauer:** 52-mal in jede Richtung.

**8**

3

- Sitze in einfacher Haltung und halte die Arme, an den Ellbogen abgeknickt, vor dir. Die Hände hängen dabei entspannt herunter.
- Fange an, die Schultern nach vorne zu rollen.

**Atem: normal.**
**Dauer:** 3 MIn.

Thematische Infos

Kriyas | Übungsreihen

Meditationen

9 • Strecke die Beine gerade aus und stütze dich mit den Händen am Boden, seitlich von den Hüften, ab.
• Hebe die Beine jeweils im Wechsel:
• beim Einatmen bringe das Bein hoch, versuche mit dem Knie die Nase zu berühren,
• beim Ausatmen bringe das Bein herunter.
• Halte die Knie durchgedrückt!

3

Richtig ausgeführt, öffnet diese Übung die Stirnhöhlen und wirkt gegen jede Art von Kopfschmerzen.

**Atem: normal.**
**Dauer:** 3 Min.

10 • Sitze im Lotussitz (Variante: halber Lotus oder einfache Haltung).
• Verschränke die Hände hinter dem Rücken und berühre mit dem Kopf den Boden.
• Hebe die Arme im gestreckten Zustand so weit wie möglich nach oben.
• Verharre sehr ruhig in dieser Position.

2+1

**Atem: normal.**
**Dauer:** 2 Min.

Verbleibe in dieser Haltung und singe
**„HEALTHY AM I , HAPPY AM I , HOLY AM I“**.

Variante in Deutsch:
„Gesund bin ich, glücklich bin ich, heilig bin ich“.

**Dauer/Ende:** 1 Min.
Atme ein und ziehe die Arme so hoch es geht.
Dann entspanne die Arme langsam nach unten.

### ⓫ IM LOTUSSITZ

- Strecke die Arme nach vorne aus, parallel zum Boden.
- Verschränke Mittel-, Ring- und kleine Finger und strecke Zeigefinger und Daumen aneinander aus – so, als ob sie auf einen imaginären Punkt zeigten.
- Sitze mit geradem Rückgrat und durchgedrückten Ellbogen.

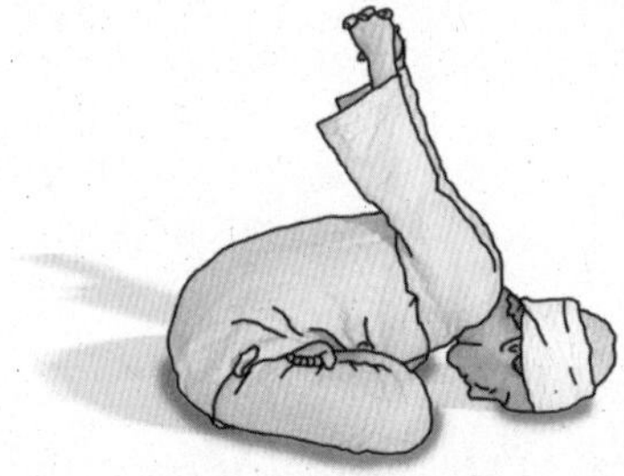

**Atem: normal.**
**Dauer:** 3 Min.

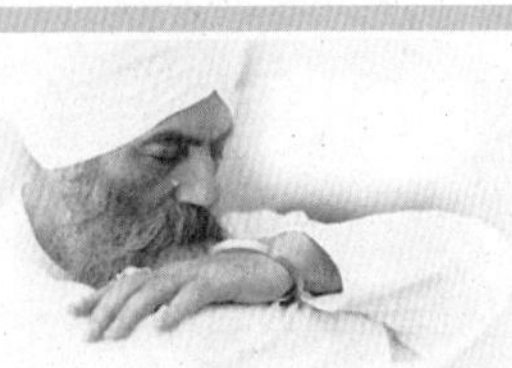

### KOMMENTAR

Diese Kriya gleicht die Aura, das elektromagnetische Feld, aus. Sie stimuliert die Ausscheidung von Körpergiften, entwickelt das koordinierte Zusammenwirken der Muskeln und wirkt ausgleichend auf das Gehirn. Es ist gut, in Übung zu bleiben, besonders wenn du eine Tätigkeit ausübst, die schnelle, klare Entschlüsse verlangt. Diese Kriya ist auch sehr hilfreich, wenn du „Kopfarbeiter" bist und deine Denkfähigkeit erschöpft oder beeinträchtigt zu sein scheint.

Übungen ❶ bis ❹ gleichen Aura, Muskeln und Gehirn aus. Die Übungen ❸ und ❹ sind besonders gut fürs Gehirn. Übung ❸ wurde als Teil einer Therapie für geistig Behinderte verwendet. Sie fühlten dabei große Schmerzen und schrieen und stöhnten. Aber der Schmerz zeigt lediglich an, wieviel das Gehirn an Ausgleich nötig hat. Übungen ❺ bis ❽ unterstützen die Ausscheidung von Giften und die Verdauung. Übungen ❾ und ❿ öffnen den Kopf und die Lungen. Die letzte Übung bringt in deine Aktivitäten eine zielgerichtete positive Einstellung dir selbst und deinen täglichen Aufgaben gegenüber.

# Nabhi Kriya

50-55 Min.

**1** **Ein besonderes Übungsset, um das Verdauungssystem in Ordnung zu bringen**

10

- Lege dich flach auf den Rücken.
- Atme ein und hebe das rechte Bein 90° hoch.
- Atme aus und senke es wieder nach unten.
- Wiederhole dasselbe mit dem linken Bein.
- Hebe und senke die Beine abwechselnd auf diese Weise.

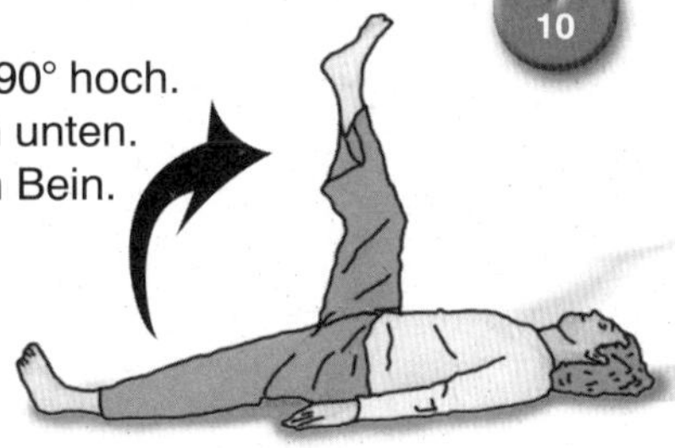

**Atem: tief und kräftig.**
**Dauer:** 10 Min.

**2**

5

- Ohne Unterbrechung zwischen den Übungen hebe beide Beine beim Einatmen hoch und senke sie beim Ausatmen wieder herunter.
- Strecke gleichzeitig die Arme zum Himmel, die Handflächen sind einander zugewandt.
- Halte die Arme während der Übung in dieser Position, das dient dem Gleichgewicht und der Energie.

**Atem: normal.**
**Dauer:** 5 Min.

**3**

- Ziehe die Knie an die Brust und halte sie mit den Armen fest.
- Entspanne den Kopf. Ruhe in dieser Haltung.

5

**Atem: normal.**
**Dauer:** 5 Min.

**4**

- Beginne mit der Haltung aus Übung 3, dann atme ein und strecke die Arme links und rechts auf dem Boden aus.
- Gleichzeitig werden die Beine gerade nach oben gestreckt, bis sie einen Winkel von 60° erreicht haben.
- Beim Ausatmen kehre in die Anfangsposition zurück.

15

**Atem: normal.**
**Dauer:** 15 Min.

**5**
- Ziehe das linke Knie an die Brust, halte es mit beiden Händen fest.
- Hebe das rechte Bein mit einer schnellen Bewegung auf 90° hoch und senke es wieder.
- Atme ein, wenn du das Bein hebst, atme aus, wenn du es senkst.

2

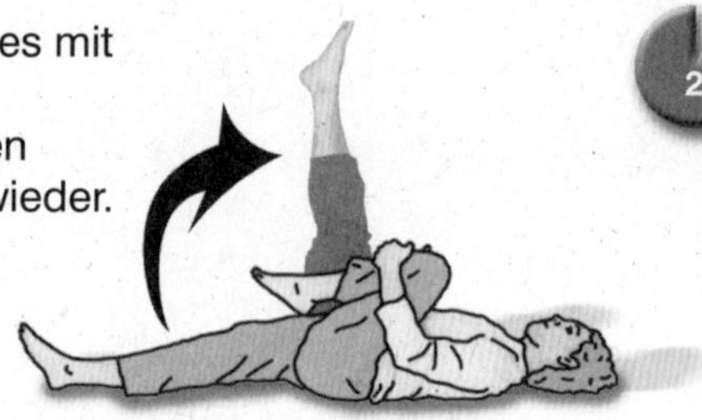

**Atem: normal.**
**Dauer:** je 1 Min. pro Seite.

**6**
- Stelle dich aufrecht hin. Hebe die Arme senkrecht hoch. Sie sollen die Ohren berühren.
- Strecke die Finger nach hinten, die Handflächen zeigen zum Himmel.
- Beim Ausatmen beuge dich vornüber, bis die Hände den Boden berühren und spanne Mulbandh an.
- Die Arme bleiben gestreckt an den Ohren.
- Beim Einatmen richte dich auf, löse Mulbandh.
- Mache die Übung ganz langsam, atme tief ein und aus.

3

**Atem: tief ein und aus.**
**Dauer:** 2 Min. dann 1 Min. gesteigertes Tempo.

**7**
- Entspanne vollkommen oder meditiere 10-15 Min. lang.

10-15

**KOMMENTAR**

Diese Übungsreihe konzentriert sich auf die Stärkung des Nabelpunktes. Die angegebenen Zeiten sind für fortgeschrittene TeilnehmerInnen gedacht. Die längeren Übungen kann man zu Beginn jedoch 3-5 Minuten machen. Übung ❶ ist gut für den unteren Verdauungsbereich. Übung ❷ wirkt auf den oberen Bereich und den Solarplexus. Übung ❸ hilft Gase auszuscheiden und entspannt das Herz. Übung ❹ lädt das magnetische Feld auf und öffnet das Nabelzentrum. Übung ❺ ist gut für die Hüften und den unteren Teil der Wirbelsäule. Übung ❻ wirkt auf die gesamte Wirbelsäule, die Rückenmarkflüssigkeit und die Aura. Gemeinsam bringen diese Übungen das Verdauungssystem sehr schnell in Ordnung.

# Abwehrkräfte stärken

19-37 Min.

**Übungsreihe zur Stärkung der Abwehrkräfte**

1-3

- Sitze auf den Fersen. Strecke die Arme hoch und presse die Handflächen über dem Kopf zusammen.
- Atme ein. Pumpe den Nabel kräftig ein und aus.
- Fahre rhythmisch solange fort, bis du ausatmen musst.
- Dann atme wieder ein und pumpe von neuem.

**Atem: ein, halten und Nabel pumpen**
**Dauer/Ende:**
Beende die Übung nach 1-3 Min., indem du einatmest, ausatmest und entspannst.

1-3

- Fersensitz. Fasse die Hände im Bärengriff in Herzhöhe, die Unterarme sind parallel zum Boden.
- Atme ein, halte den Atem solange du kannst und ziehe dabei die Hände kräftig nach außen, ohne dabei den Griff zu lösen.
- Atme aus, atme wieder ein und fahre für 1-3 Minuten mit diesem Zyklus fort.

Diese Übung öffnet das Herzzentrum und stimuliert die Thymusdrüse.

**Atem: siehe Text.**
**Dauer/Ende:** 1-3 Min.
Dann atme aus, wieder ein, nocheinmal aus und entspanne.

1-3

- Sitze auf den Fersen und falte die Hände im Venusschluß im Nacken. Atme ein.
- Beuge den Oberkörper mit dem Ausatmen nach vorn und berühre mit der Stirn den Boden.
- Sitze mit dem Einatmen wieder auf.

Diese Übung verbessert die Verdauung und macht die Wirbelsäule flexibler.

**Atem:**
**kräftige Atemzüge.**
**Dauer/Ende:** 1-3 Min.
Dann atme ein, aus, und entspanne.

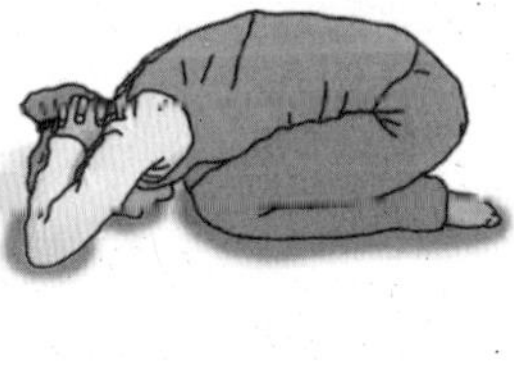

**4 ZANGENHALTUNG**

1-3

- Sitze mit ausgestreckten Beinen und greife mit den Zeigefingern die großen Zehen.
- Beuge dich aus der Hüfte heraus nach vorn, so dass die Stirn auf die Knie und die Ellbogen zum Boden kommen. Bleibe in dieser Haltung.

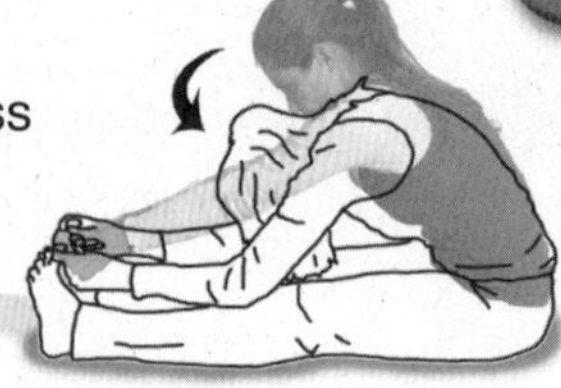

**Die in den vorherigen Übungen stimulierten Drüsensekrete können sich im Körper verteilen und der Körper kann tief entspannen.**

**Atem: normal.**
**Dauer/Ende:** 1-3 Minuten. Dann atme ein, aus, und entspanne.

**5**

2-4

- Sitze mit gekreuzten Beinen und mache im Uhrzeigersinn große Kreise mit dem Kopf.
- Bringe das rechte Ohr soweit wie möglich zur rechten Schulter,
- dann den Kopf in den Nacken,
- das linke Ohr soweit wie möglich zur linken Schulter und
- daraufhin das Kinn zur Brust.

Die Schultern bleiben entspannt. Während der Bewegung sollte eine sanfte Dehnung im Hals zu spüren sein.

**Atem: normal.**
**Dauer/Ende:** Wechsle nach 1-2 Min. die Richtung für weitere 1-2 Min. Strecke den Kopf gerade und entspanne.

**Diese Übung öffnet, in Verbindung mit den beiden folgenden Übungen, die Zirkulation zum Gehirn und stimuliert die höheren Drüsen wie Hypo- und Epiphyse, sowie Schilddrüse und Nebenschilddrüsen. Sie sind gemeinsam verantwortlich für die Harmonie im gesamten Körper.**

**6 KATZE-KUH**

1-3

- Komme auf Hände und Knie. Beide sind jeweils hüftweit voneinander entfernt.
- Drücke die Arme ganz durch, lasse den Kopf entspannt hängen.
- Atme ein und strecke die Wirbelsäule nach unten durch, den Kopf weiterhin hängen lassend (Kuh).
- Atme aus und mache den Rücken einschließlich der Hüfte rund (Katze).

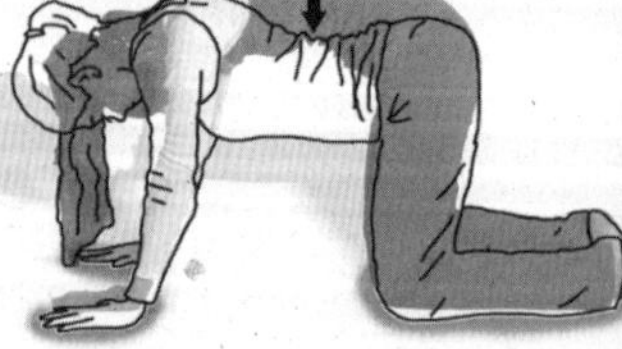

**Atem: rhythmisch mit kräftigen Atemzügen.**
**Dauer/Ende:** 1-3 Min.
Mit zunehmender Beweglichkeit der Wirbelsäule erhöhe auch das Tempo. Atme ein (Kuh), aus, und entspanne.

**Zusätzlich zum bereits Erwähnten transformiert diese Übung die Sexualenergie aus dem zweiten und die Verdauungsenergie aus dem dritten Chakra.**
**Sie stimuliert die Nerven der unteren Halswirbelsäule.**

7
- Fersensitz. Ziehe mit dem Einatmen die linke Schulter so hoch wie möglich, die rechte Schulter sinkt ab.
- Ziehe mit dem Ausatmen die rechte Schulter hoch und lasse die linke absinken.

1-3

**Atem: rhythmisch mit kräftigen Atemzügen.**
**Dauer/Ende:** 1-3 Min.,
dann atme ein, ziehe beide Schultern hoch, atme aus und entspanne.

8
- Entspanne vollständig auf dem Rücken mit den Armen an den Seiten und den Handflächen nach oben.

5-7

**Atem: normal.**
**Dauer:** 5-7 Min.

9
**DREIECKSPOSITION**

5

- Komme auf Hände und Knie und drücke die Hüften hoch, bis du ein 60°-Dreieck bildest.
- Lasse den Kopf entspannt hängen.
- Die Hände sind schulterbreit auseinander.
- Verteile dein Gewicht gleichmäßig auf Hände und Füße und schließe die Augen.
- Knie und Ellbogen sind durchgedrückt.

**Diese Übung unterstützt die Verdauung, stärkt das gesamte Nervensystem und lasst die großen Muskelgruppen des Körpers entspannen.**

**Atem: normal.**
**Dauer/Ende:** 5 Min.
Dann atme ein, aus, komme langsam aus dieser Position und entspanne.

**10**
- Stehe auf. Beuge dich nach vorn und greife deine Fußgelenke.
- Halte die Knie durchgedrückt und beginne durch den Raum zu gehen.

1-3

**Diese Übung fördert die Ausscheidung und richtet das magnetische Feld aus als Vorbereitung zur Meditation.**

**Atem: normal.**
**Dauer/Ende:** 1-3 Min.
Dann kehre an deinen Platz zurück, setze dich hin und entspanne.

**KOMMENTAR**

Um chronische Erkältungen und andere Erkrankungen zu vermeiden, sind eine gut funktionierende Verdauung und Ausscheidung Voraussetzung.

Wenn dazu der Stoffwechsel stabil ist, wirst du sehr kräftig sein.

Diese Übungsreihe fördert diese Fähigkeiten.
Sie verleiht dir Stärke und erhöht die Abwehrkräfte.

# Reinigungsserie

28+ Min.

**1 Reinigungsserie für Anfänger**

- Liege auf dem Rücken.
- Lege die Hände in Venusschloß unter den Nacken, d.h. unter alles lose Haar.

5

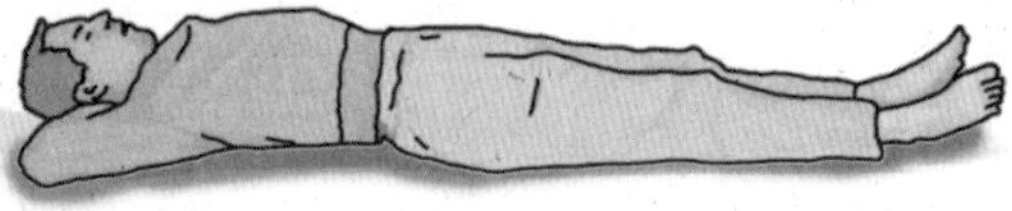

**Atem: 1,5 Min. Feueratem.**

- Atme ein, und halte den Atem 20 Sek. lang an.

**Wiederhole den Feueratem (1,5 Min.)**,

- Atme ein, und halte den Atem 30 Sek. lang an, dann atme aus.

**Ende:**

- Lasse den Atem ruhig werden.
- Atme tief ein und hebe dabei die gestreckten Beine etwa 30 cm nach oben.
- Halte den Atem 15 Sek., atme aus, atme ein, und entspanne.

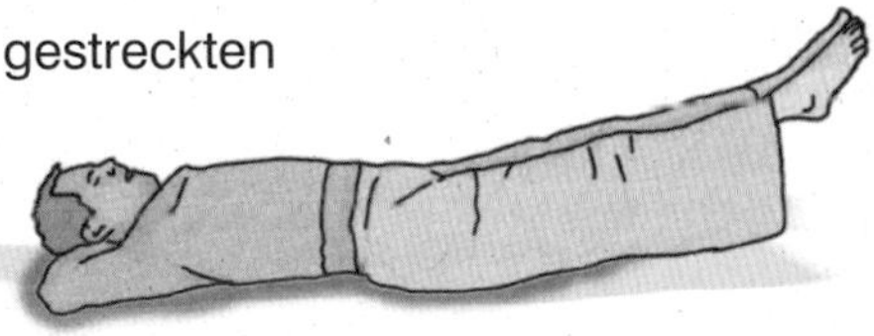

**2**

- In der gleichen Lage spreize die Beine weit auseinander.

**Atem: 1 Min. Feueratem.**

- Atme ein, hebe die Beine 90 cm vom Boden und halte sie dort 5 Sek. lang.
- Entspanne die Beine wieder auf dem Boden.

**Wiederhole mit Feueratem 3-mal (1 Min.).**

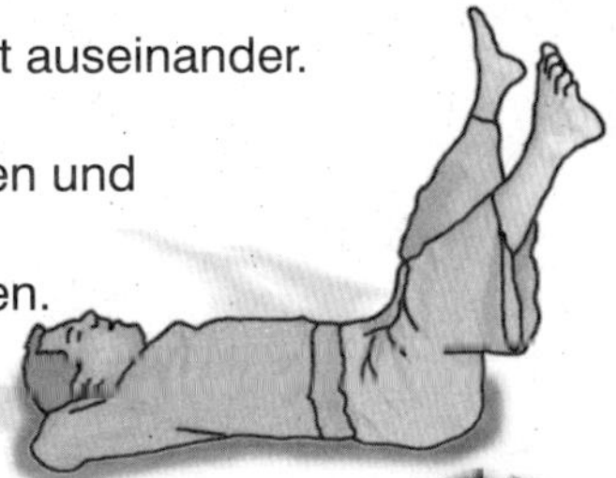

**Ende:**

5+

- Mache zum Abschluß noch ein weiteres Mal Feueratem,
- atme ein und hebe nun die Beine 30 cm über den Boden.
- Halte den Atem und halte die Beine so lange hoch wie möglich.

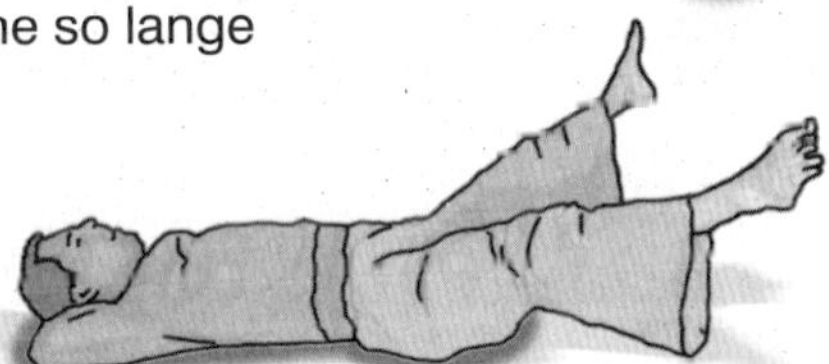

**Diese Kriya regt die Kanäle der Sexualenergie in den Oberschenkeln an, die mit den Geschlechtsorganen verknüpft sind.**

**3** **STRECKPOSITION** (Eine der wesentlichsten Übungen im Kundalini Yoga)

3

- Liege mit geschlossenen Beinen auf dem Rücken und hebe die gestreckten Beine hoch, bis die Fersen etwa 15 cm über dem Boden sind.
- Hebe Kopf und Schultern genau so hoch und schaue auf deine Zehen.

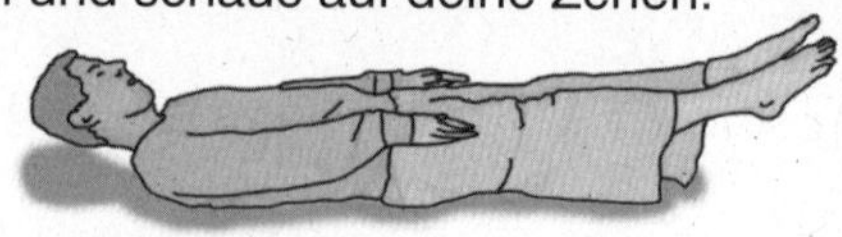

**Atem: 3 Min. Feueratem.**
**Ende:** Atme ein und entspanne.

**4**

50x

- Setze dich mit ausgestreckten Beinen hin.
- Lege das linke Bein auf den rechten Oberschenkel.
- Halte die Hände waagerecht nach vorne, die Handflächen zeigen nach unten.
- Atme ein, atme aus und strecke dich nach vorne, bis die Hände den Boden neben den Füßen berühren.
- Atme tief ein und richte dich wieder auf.
- Lehne dich 30° nach hinten.
- Atme aus und beuge dich wieder vor.

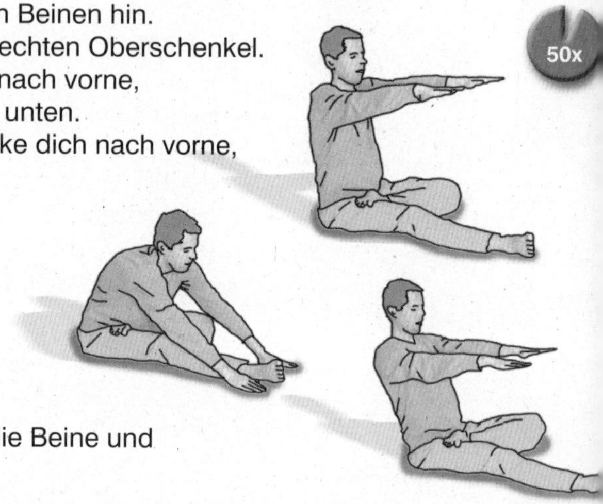

**Atem: siehe oben**
**Dauer:** 25-mal, dann wechsle die Beine und wiederhole 25-mal.

**5**

4

- Sitze aufrecht und lehne dich dann zurück, so dass der Winkel zwischen dem Rückgrat und dem Boden etwa 60° beträgt.
- Lege die Hände mit den Handflächen nach unten als Stütze hinter dem Rücken auf den Boden.
- Lasse den Kopf nach hinten fallen und schaue die Decke an; fixiere dabei deinen Blick auf einen bestimmten Punkt. Versuche, weder zu blinzeln noch zu zwinkern.

**Dauer/Atem: 2 Min. Feueratem.**

- Atme nun ein, hebe beide Beine 30 cm vom Boden und blicke weiter auf den Punkt an der Decke.
- Halte die Beine 15-20 Sek. hoch und bringe sie beim Ausatmen herunter.

**Dauer: Wiederhole den Feueratem 1 Min. lang.**

- Atme ein, bringe beide Beine 30 cm hoch, halte sie 15 Sek. lang oben, bringe sie beim Ausatmen herunter und entspanne auf dem Rücken.

❻ • Auf dem Rücken liegend atme tief ein. Atme ganz aus.
• Hebe die Arme mit ausgestreckten Fingern senkrecht hoch.
• Balle die Hände zu Fäusten und bringe sie langsam zur Brust herunter.
• Spanne dabei die Arme stark an, als müsstest du gegen einen Widerstand ankämpfen.
  Die Fäuste zittern, wenn sie die Brust berühren.
• Entspanne den Atem.

6

**Atem/Dauer: tief ein und aus, ausgehalten und...**
Wiederhole die Übung mit **eingehaltenem Atem**.
Entspanne **5 Min.** tief und vollkommen.

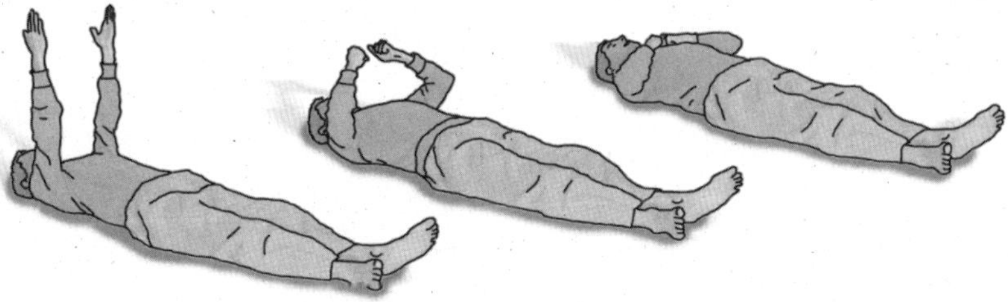

**KOMMENTAR**

Diese einfache Serie verschönt deinen Körper und gibt ihm ein Gefühl von Leichtigkeit. Übung ❶ aktiviert die Nabelpunktenergie und den Kreislauf zu den Lungen. Übung ❷ fügt die kreative Kraft der Sexualenergie hinzu. Übung ❸ regt wiederum den Nabelpunkt an. Übung ❹ reguliert das chemische Gleichgewicht im Blut und ist gut für den unteren Teil des Rückgrats und die Taille. Übung ❺ bringt die Energie zum Gehirn und zu den Augen. Sie hat sich in vielen Fällen von Kopfschmerzen und Augenkrankheiten wie dem Grauen Star bewährt. Übung ❻ beseitigt möglicherweise noch verbliebene Spannungen.

„Es gibt 84 Yogastellungen, aber sowohl die Menschen im Osten als auch im Westen, haben sie alle schon im Mutterleib ausgeübt.
So seid Ihr alle schon von diesem Zeitpunkt an Yogis."

Yogi Bhajan

# Surya Kriya

30-35+ Min.

**1**

- Sitze mit gerader Wirbelsäule in einfacher Haltung.
- Die rechte Hand ruht in Gyan Mudra auf dem Knie.
- Halte das linke Nasenloch mit dem linken Daumen zu. Die anderen Finger sind nach oben ausgestreckt.
- Beginne lang, tief und kraftvoll durch das rechte Nasenloch zu atmen. Konzentriere dich ganz auf das Atmen.

3-5

**Atem: Nasenlochatmung rechts 3-5 Min.**
**Ende:** Atme ein und entspanne.

**2** **SAT KRIYA**

6

- Sitze auf den Fersen. Hebe die Arme senkrecht über den Kopf, die Handflächen aneinander.
- Beginne, rhythmisch das Mantra SAT NAM zu chanten.
- Sage laut SAT, während du dabei den Nabel einziehst und Mulbhand anspannst.
- Sage laut NAM und entspanne dabei diese Muskeln wieder.
- Konzentriere dich auf das dritte Auge – den Punkt zwischen den Augenbrauen.

**Atem/Dauer: normal, 3 Min.**
- Dann atme ein, halte den Atem, spanne Mulbhand an und
- stelle dir vor, dass deine Energie vom Nabelpunkt ausstrahlt und durch den ganzen Körper zirkuliert. Entspanne.

**Wiederhole diese Übung 3 Min. lang.**
- Dann atme ein, spanne wieder Mulbhand an und ziehe alle Energie in die obersten Fingerspitzen. Entspanne.

**3** **KAMELRITT**

108x

- Sitze in einfacher Haltung. Fasse die Schienbeine mit beiden Händen.
- Atme ein und drücke dabei die Wirbelsäule nach vorn durch und hebe den Brustkorb.
- Atme aus und drücke dabei die Wirbelsäule nach hinten.
- Halte den Kopf bei dieser Übung immer auf gleicher Höhe.
- Bei jedem Einatmen lasse in Gedanken SAT durch dich schwingen,
- beim Ausatmen höre NAM.
- Bei jedem Ausatmen spanne Mulbhand an.

**Atem/Dauer: rhythmisch mit 108 tiefen Atemzügen.**
Dann atme ein, halte den Atem kurz an,
halte die Wirbelsäule ganz gerade. Entspanne.

**4** **FRÖSCHE** (Eine ganz wesentliche Kundalini Yoga Übung)

26x

- Gehe in die Hocke. Setze die Zehen auf den Boden, die Fersen bleiben oben und berühren den Boden nicht.
- Die Finger stützen sich auf den Boden zwischen den Knien, der Kopf ist gerade.
- Atme ein, strecke dabei die Beine und hebe das Gesäß. Senke die Stirn gegen die Knie und lasse die Fersen weiterhin vom Boden entfernt.
- Atme aus und komme in die ursprüngliche Froschhaltung zurück.

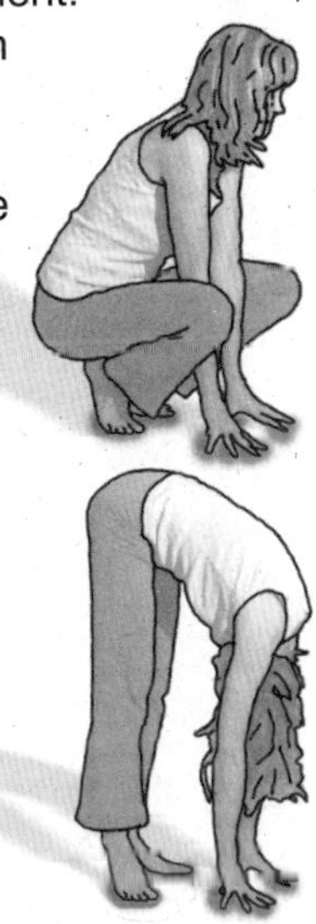

**Atem/Ende: mit tiefen Atemzügen 26-mal.**
Atme dann ein, wenn das Gesäß oben ist,
und entspanne auf den Fersen.

**5**

- Sitze auf den Fersen, lege die Hände auf die Oberschenkel. Mit völlig gerader Wirbelsäule atme tief ein und drehe den Kopf nach links.
- Sage in Gedanken SAT.
- Atme vollständig aus, während du den Kopf nach rechts drehst, und sage im Geiste NAM.

3

**Atem/Dauer: normal, 3 Min.**
Dann atme ein,
der Kopf zeigt nach vorne.
Entspanne.

**6**

3

- Sitze in einfacher Haltung. Lege die Hände an die Schultern, die Finger nach vorn, die Daumen nach hinten, Oberarme und Ellbogen parallel zum Boden.
- Atme ein, während du dich mit dem Oberkörper nach links beugst,
- atme aus, während du dich nach rechts beugst.

**Atem: tiefe Atemzüge, links ein, rechts aus.**
**Dauer/Ende:** 3 Min.
atme dann in aufrechter Haltung ein. Entspanne.

**7**

6+

- Sitze in vollkommener Meditationshaltung mit gerader Wirbelsäule.
- Konzentriere dich auf das „dritte Auge".
- Ziehe den Nabelpunkt ein, halte die Stellung, spanne Mulbhand an.
- Achte auf den Atemstrom.
- Beim Einatmen meditiere in Gedanken auf SAT, beim Ausatmen auf NAM.

**Atem: normal, Mulbhand.**
**Dauer:** 6 Min. oder länger.

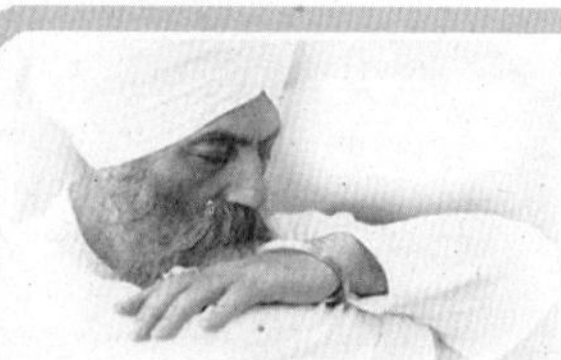

*Diese Kriya ist nach der Sonnenenergie benannt. Wenn du die „Sonnenenergie" besitzt, brauchst du nicht zu frieren, du bist sehr kraftvoll, ausdrucksstark, nach außen gerichtet und begeisterungsfähig. Es ist die Energie der Selbstreinigung. Sie hält dein Gewicht niedrig, fördert die Verdauung, klärt den Geist, lässt ihn klar unterscheiden und macht ihn handlungsorientiert. Diese Übungen regen systematisch die positiven, aufbauenden Kräfte, und damit die Kundalini-Energie selbst an. Übung ❶ zieht den Sonnenatem heraus und gibt dir ein klares Konzentrationsvermögen. Übung ❷ setzt die am Nabelpunkt gespeicherten Energien frei. Übung ❸ bringt die befreite Kundalini-Energie entlang der Wirbelsäule hinauf und trägt zu ihrer Beweglichkeit bei. Übung ❹ setzt die sexuelle Energie um. Übung ❺ öffnet das Hals-Chakra, regt die Blutzirkulation zum Kopf an und wirkt sich positiv auf Schilddrüse und Nebenschilddrüse aus. Übung ❻ bewegt die Wirbelsäule, verteilt die Energie über den ganzen Körper und hält das magnetische Feld im Gleichgewicht. Übung ❼ versetzt dich in tiefe, selbstheilende Meditation.*

*Diese Übungsfolge solltest du von Zeit zu Zeit machen, um deinem Körper Kraft zu verleihen und deine Fähigkeit, dich auf vielerlei Arbeiten zu konzentrieren, zu stärken.*

35+ Min.

# Gegen Schlafstörungen

**1** **Übungsreihe zur Überwindung von Schlafstörungen**

- Sitze auf den Fersen, die Handinnenflächen auf den Oberschenkeln.
- Richte die Wirbelsäule gerade auf und lehne dich 30° aus der Senkrechten zurück. Halte diese Stellung.

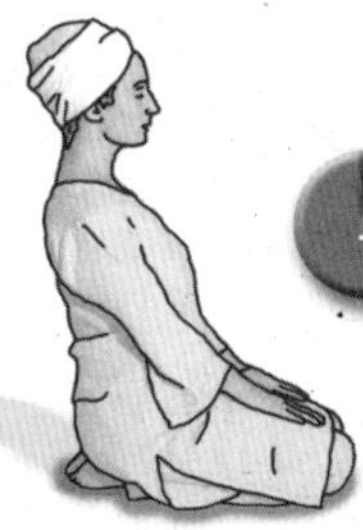

1

**Atem: langer, tiefer Atem.**
**Dauer:** 1 Min., dann entspanne.

**2**

- Bleibe auf den Fersen, falte die Arme über der Brust und halte die Ellbogen fest.
- Kreise mit dem Oberkörper von rechts nach links drehend.

3

**Atem: normal.**
**Dauer:** 3 Min.

**3**

- Strecke gleich danach die Beine nach vorn aus.
- Lege die Hände neben die Hüften auf den Boden.
- Beim Einatmen hebe Fersen und Körper vom Boden.
- Beim Ausatmen lasse dich auf das Gesäß fallen.

**Atem: normal.**
**Dauer:** 20-mal.

20x

**4**

- Wiederhole Übung ❷ noch einmal 3 Minuten lang.

3

**Dauer:** 3 Min.

**5**

- Wiederhole Übung ❸ noch einmal für 15 Übungsabläufe.

15x

**Dauer:** 15-mal.

**6** **BRÜCKE**
- Stütze dich auf Hände und Füße und drücke die Hüften nach oben, so dass Rücken und Gesäß eine Linie bilden.
- Lasse den Kopf entspannt nach hinten fallen.

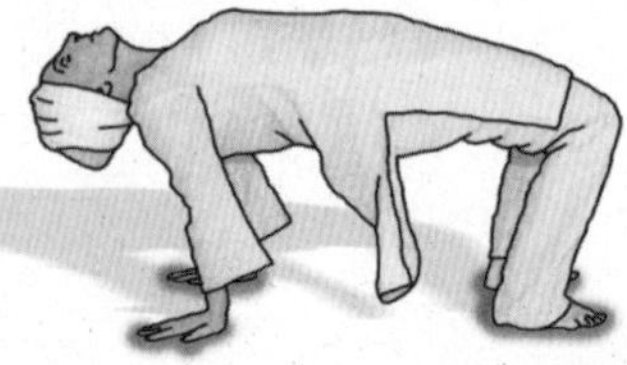

**Atem: normal 1 Min.**, dann
**Atem/Ende: Feueratem 3 Min.**
- Atme ein, atme vollständig aus,
- spanne in ausgeatmetem Zustand Mulbhand an.
- Entspanne.

**7**
- Wiederhole Übung ❸ mit 10 Bewegungsabläufen.

**Dauer:** 10-mal.

**8**
- Wiederhole Übung ❻ (Brückenposition).

**Atem/Dauer: Feueratem,** 3 Min.

**9**
- Entspanne vollständig auf dem Rücken.

**Atem/Dauer: normal,** 2-3 Min.

**10**
- Komme nochmals in die „Brücke".
- Hebe das rechte Bein 60° hoch.
- Strecke die Zehen nach vorn.

**Atem/Dauer: Feueratem,** 1,5 Min.
Dann hole tief Atem, atme vollständig aus und spanne Mulbhand an.
**Wiederhole** dieselbe Übung mit dem linken Bein. Entspanne.

**11** **KRÄHENPOSITION**
- Hocke dich mit flachen Füßen auf den Boden.
- Strecke die Arme parallel zum Boden nach vorne aus, die Handflächen zeigen nach unten.
- Atme tief ein und stehe dabei auf.
- Atme vollständig aus, wenn du wieder in die Hockstellung hinuntergehst. Halte dabei die Wirbelsäule so gerade wie möglich.

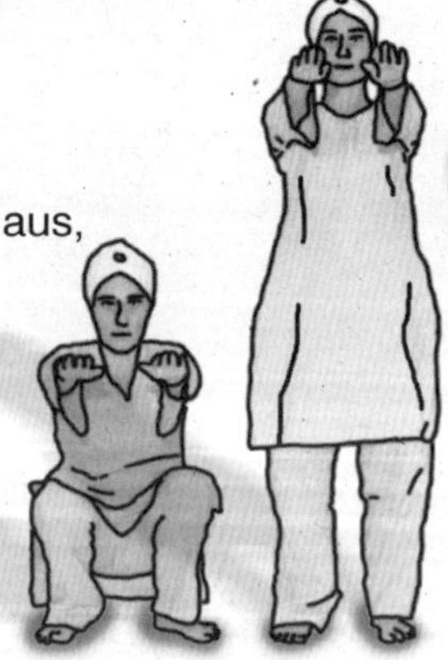

**Atem: tief ein, komplett aus,**
**Dauer:** 30-mal auf und ab.

**12 KOBRAPOSITION**
- Liege auf dem Bauch.
- Lege die Hände in Schulterhöhe auf den Boden.
- Drücke dich langsam hoch in die Kobraposition.
- Bleibe **1 Min**. in dieser Position bei normaler Atmung.
- Dann schlage **1 Min**. lang mit einem Fuß auf das Gesäß.
- Jedesmal, wenn die Ferse das Gesäß berührt, atme leicht aus.

**Atem/Dauer: normal, 2 Min. je Bein.**
Entspanne.

**13 FELSENPOSITION** („Fersensitz" oder „Diamantsitz")
- Strecke die Arme senkrecht über den Kopf, die Handflächen zusammen.
- Bringe die Hände in Richtung Kopf herunter, die Ellbogen leicht gebeugt.
- Richte den Blick mit geschlossenen Augen aufwärts und konzentriere dich auf den Scheitelpunkt, auf die Hypophyse und durch den Scheitelpunkt hindurch. Meditiere.

**Atem/Dauer: normal, 3 Min.**

*Wenn du unter häufigen Schlafstörungen leidest, mache diese Übungsreihe täglich für einen Zeitraum von 90 Tagen. Und zwar entweder vor dem Schlafengehen oder morgens nach dem Aufstehen. Millionen werden verschwendet für Schlaf- und Stimulanzmittel und dabei gibt es einen viel sichereren und gesünderen Weg: die täglichen Übungen und Meditation. Allerdings erfordert dies Anstrengung und Bemühung; Tabletten dagegen nicht. Wenn du dich zu dieser Übungsreihe entschließt, werden deine Schlafstörungen beseitigt werden und du wirst dich den ganzen Tag munter und unternehmungslustig fühlen.*
*Durch diese Yogaübungen wird der Stoffwechsel angeregt sowie die Ausscheidungsprozesse von Muskeln und Lymphsystem aktiviert. Trinke viel Wasser während dieser Zeit, um die Ausscheidungsprozesse deines Körpers zu unterstützen!*

# Körperliche und geistige Entspannung und Ruhe

11 Min.

**Nach der aktiven Phase der Kundalini Yoga Übungen ist es notwendig, dass du in eine tiefe Entspannung gehst, um dadurch die Früchte deiner körperlichen Anstrengung ernten zu können.**
**Während du deinen Körper entspannst, können die mobilisierten Energien besser fließen, dein Atem sich entspannen und deine Gedanken zur Ruhe kommen.**

## Selbstheilung durch Entspannung

Die dem Körper angeborene Fähigkeit zur Selbstheilung kann nur durch körperliche und geistige Entspannung wirksam werden. Gesund sein heißt „im-Fluss-sein". Wenn dein Körper verspannt ist, kann deine Lebensenergie nicht ungehindert fließen. Das kann zu Schmerz führen (Schmerz ist das Alarmsystem unseres Körpers) und schließlich zu Krankheit. Mobilisiere deine Selbstheilungskraft durch Entspannung und tiefen Atem.
Entspannung ist ein Zustand, den jeder Mensch erreichen kann. Wenn du die Kunst der Entspannung erlernst, suche dir einen ruhigen und bequemen Platz. Lege dich auf den Boden (ein nicht zu weiches Bett ist auch geeignet), am besten auf eine Wollmatte oder ein Fell, und decke dich zu. Lasse deinen Körper passiv liegen. Die Beine sind lang nebeneinander ausgestreckt, die Arme liegen neben dem Körper, die Handflächen zeigen nach oben.

## Entspannung und Atem

Du kannst dich leichter entspannen und deinen Geist zur Ruhe bringen, indem du dich auf deinen Atem konzentrierst. Lasse ihn vollständig ein- und ausströmen, und beobachte ihn auf seinem Weg durch deinen Körper. Folge deinem Atem, um einen Rhythmus entstehen zu lassen. Wenn du einatmest, stelle dir vor, wie eine Welle aus reinstem, klarstem Wasser zu jeder Zelle deines Körpers strömt, bis hinunter zu den Zehenspitzen, und bis in die Fingerspitzen hinein. Wenn du ausatmest, läuft die Welle zurück ins Meer. Mit jedem neuen Atemzug lasse Lebenskraft in dich eindringen. Bei jedem Ausatmen lasse die Spannungen des Körpers los. Wenn ein Gedanke auftaucht, lasse ihn vom Atem weggetragen werden, wie von einer Welle am Strand. Verwickle dich nicht in Gedanken, aber versuche auch nicht, sie zu unterdrücken. Lasse sie kommen und mit der nächsten „Atemwelle" wieder gehen.

## Reise durch den Körper

Schließe die Augen, atme tief und entspannt. Reise durch den Körper: werde dir deines Körpers bewusst, nimm wahr, wie er am Boden liegt. Versuche die äußere Begrenzung des Körpers zu fühlen, aber auch seinen Innenraum - das Skelett, die Organe.
Die Körperreise beginnt bei den Füßen: Versuche, deinen linken Fuß wahrzunehmen. Spüre die Knochen und Muskeln. Wenn der Fuß verspannt ist oder es dir schwerfällt, ihn zu spüren, atme ein und spanne den ganzen Fuß an, jeden Muskel und jede Sehne.
Entspanne den Fuß, während du langsam ausatmest, und lasse mit dem Atem bewusst jede Spannung los. Lasse den Fuß passiv und entspannt liegen. Wiederhole diesen Vorgang 2- bis 3-mal.
Atme ein paarmal tief und lang.
Jetzt versuche, deine linke Wade und linken Oberschenkel wahrzunehmen und entspanne sie nun auf gleiche Weise nacheinander. Die Reise geht weiter vom rechten Fuß über das Bein zum Po, zum Kreuz und zum Rücken. Versuche, dein Hohlkreuz zu entspannen, damit deine Wirbelsäule flach auf dem Boden liegt.

Entspanne nacheinander mit Hilfe deiner Vorstellungskraft in der gleichen Weise alle Körperteile in der Reihenfolge: Unterleib, Bauch, den ganzen Brustkorb, Finger, Hände, Arme, Schultergürtel, Nacken. Dann entspanne deinen Kopf, die Kopfhaut und zum Schluss das ganze Gesicht: zuerst die Stirn, dann die Augenbrauen, die Wangen, den Mund und die Lippen. Entspanne den Unterkiefer, dadurch ist der Mund ein wenig geöffnet, die Backenzähne berühren sich nicht, die Zunge liegt gelöst im Mund.

Du kannst das Ergebnis der Körperreise vertiefen, wenn du in Dankbarkeit darüber nachdenkst, wie wunderbar dein Körper funktioniert, z.B. wie deine Beine dich täglich tragen, sich zum Sitzen beugen etc.
Entspannung bringt dir am meisten, wenn du sie täglich übst. Mit den Entspannungsübungen wird sich auch dein Körperbewusstsein verbessern. Es wird dir leichter fallen, belastende Alltagssituationen mit innerer und äußerer Anmut durchzustehen. Und was am besten ist: du wirst dazu in der Lage sein, tief in dein eigenes Selbst zu schauen und deine inneren Gefühle und Gedanken kennenzulernen.

# Nach der Entspannung

**Mache die folgenden Übungen nach jeder tiefen Entspannung. Sie helfen dir, dich wieder zu „erden“ und dich in die Realität zurückzubringen.**

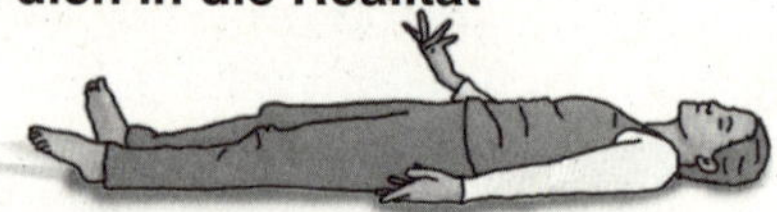

1. • Liege auf dem Rücken.
   • Beginne Hände und Füße langsam in kleinen Kreisen zu drehen, erst zur einen, dann zur anderen Seite.

2. • Strecke beide Arme über den Kopf, strecke den ganzen Körper. Dann lege beide Arme wieder neben dem Körper auf den Boden.

3. **KATZENSTRECKUNG**

   • Lasse das linke Bein und den linken Arm ausgestreckt.
   • Beide Schultern bleiben am Boden.
   • Strecke jetzt den rechten Arm über den Kopf und drücke das rechte Knie über das linke Bein zum Boden. Wechsle die Seiten und wiederhole dies ein paarmal.

4. • Reibe die Handflächen und die Fußflächen aneinander, bis sie heiß werden („Maikäfer“).

5. • Ziehe beide Knie mit den Händen ganz an die Brust heran und rolle einige Male auf der Wirbelsäule vor und zurück.

6. • Sitze mit gekreuzten Beinen, schließe für ein paar Atemzüge die Augen. Spüre, dass du bist und sprich ein kurzes Dankgebet.

10-28+ Min.

# Bewegungsentspannung

**1**

3-11

- Stehe gerade und lasse die Arme entspannt hängen.
- Schließe die Augen. Fühle die Spannungen in allen Körperteilen und lasse sie bewusst los.
- Dann beginne jeden Teil deines Körpers zu bewegen und schwingen zu lassen.
  Tanze mit Anmut, spüre die leichte Bewegung jedes Bereiches deines Körpers.

**Wenn du eine sanfte Musik mit hoher Schwingung zur Verfügung hast, kannst du sie als Hintergrundmusik benutzen.**

**Atem: automatisch, 3-11 Min.**

**2**

3-5

- Stehe dann plötzlich sehr gerade, die Augen geschlossen.
- Berühre mit den Händen jeden Teil deines Körpers, fühle ihn, und lasse keinen Quadratzentimeter aus; benutze deine Handflächen dazu, sei sehr feinfühlig.

**Atem: automatisch, 3-5 Min.**

**3**

3-11

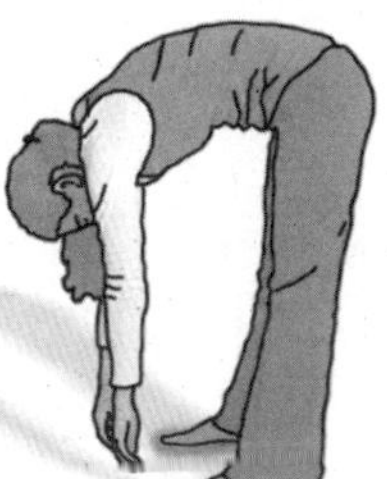

- Beuge dich nach vorn, lasse die Arme entspannt hängen.
- Alle Muskeln deines Körpers sollen jetzt entspannen.

**Atem: normal, 3-11 Min.**

**4**

1+

- Atme ein paarmal tief ein und aus.
- Dann neige dich leicht nach hinten, die Arme bleiben entspannt, der Atem fließt entspannt.

**Atem/Dauer: s.o., 1 Min.**
**Ende:**

- Dann entspanne vollständig auf dem Rücken liegend.

Kommentar auf Folgeseite

# Entspannung

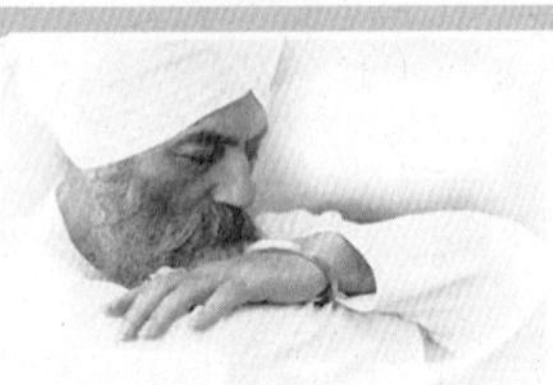

**KOMMENTAR**

Rhythmische, nicht forcierte, anmutige und freie Bewegung entspannt den ganzen Körper und löst die Spannungen, die sich durch die täglichen Emotionen in unserem Körper angesammelt haben. Alle emotionalen Traumata hinterlassen ihre Spuren als Spannung im Körper. Wenn du dann diese Körperteile nicht bewusst entspannst, kann der so entstehende chronische Stress zu physischer und geistiger Unausgeglichenheit führen.

Übung ❶ kann nach Belieben verlängert werden. In einer üblichen Yogastunde sind 3-5 Minuten ausreichend. Das Erfühlen des Körpers unterstützt die Entspannung und glättet die Aura.
Die anderen Übungen stärken Herz und Kreislauf. Wenn Herz und Kreislauf schwach sind, werden im verspannten Gewebe, in Gliedmaßen und Gelenken Ablagerungen gebildet, die zu Krankheit führen können. Wirklich tiefe Entspannung ist dann schwierig.
Diese einfache Übungsreihe führt zu totaler Entspannung und zu einer kooperativen Zusammenarbeit von Geist und Körper, die dich dein Selbst erfahren lässt.

**GEBET**

„Gebet ist ein Zustand, in welchem der Geist auf einen Punkt gerichtet ist und der Mensch zur Unendlichkeit spricht...

**MEDITATION**

...Meditation ist ein Zustand, in welchem der Geist klar und aufnehmend ist und die Unendlichkeit zum Menschen spricht."

„Was ist Meditation? Du machst Dich vollkommen leer und lässt die Kraft des Universums in Dich einströmen."

Yogi Bhajan

# Mantra und Meditation

**Mantra**
Eine andere Hilfe, den Geist zu entspannen, ist ein Mantra. Ein Mantra ist ein Wort oder ein Satz, der den Geist mit dem Gesagten vereint. Ein Mantra kann im Geiste oder durch Sprechen wiederholt werden.
Wir benutzen täglich Worte als „Mantras". Wenn wir wiederholen, „Ich bin dick" oder „Ich bin hässlich", verbindet uns diese Bestätigung mit dem Dicksein oder Hässlichsein... das ist der negative Aspekt unseres Geistes. Wenn wir wiederholen, „Ich bin liebenswert" oder „Ich akzeptiere mich", verbindet uns diese Bestätigung mit dem positiven Teil unseres Geistes. Um uns mit unserem höheren Selbst zu verbinden, benutzen wir Mantras, die einen Aspekt der Unendlichkeit ausdrücken.

Es gibt viele solcher universellen Mantras. Das grundlegende Mantra, das wir beim Kundalini Yoga benutzen, ist SAT NAM. SAT bedeutet Wahrheit, NAM bedeutet Name oder Identität. Es bedeutet also: „ich rufe meine wahre Identität, mein wahres Selbst an". Unser wahres Selbst ist der Teil von uns, der unendlich ist, der Teil von uns, der gleichbleibend, immer wahr, neutral und umfassend ist.
Es ist zu empfehlen, diese Mantras während der Yogaübungen zu benutzen. Denke beim Einatmen „SAT" (sprich es mit einem scharfen „S" und einem kurzen „a": Sssat) und beim Ausatmen „NAM" (sprich es mit langem „a": Naaam). Du kannst es auch den ganzen Tag lang wiederholen, was immer du tust. Dieses Mantra ist hervorragend geeignet, den Geist zu reinigen, so dass Klarheit in dir entsteht, und diese Klarheit wird dein Handeln bestimmen.
Du kannst so zu einem Leben in Würde und Frieden finden.
Es eignen sich aber auch viele andere Mantras dafür, solange sie eine positive Schwingung haben und deinen Geist erheben oder dich inspirieren.

**Meditation**
Die Meditationstechniken des Kundalini Yoga setzen keine besondere Einweihung voraus, sie stehen jedem Menschen zur Verfügung. Sie helfen uns, den Zustand der Meditation zu erreichen, und zwar mittels bestimmter Körperstellungen, Mantras und Atemtechnik

# Meditation um dein Sein zu erkennen

13 Min.

**Diese Meditation ist ein Beispiel für Einfachheit und Wirksamkeit.**

- Sitze bequem mit gekreuzten Beinen und gerader Wirbelsäule.
- Schließe die Augen, werde still.
- Hebe die linke Hand vor das Herz, in einer Entfernung von etwa 20 cm. Die Handfläche ist offen und zeigt zum Herzen.
- Die rechte Hand ist auf dem rechten Knie.
- Sage laut (oder flüsternd): „Ich bin", und bringe dabei deine Hand 6 cm näher zum Körper.
- Sage erneut: „Ich bin", und entferne deine Hand 40 cm vom Körper.
- Dann atme durch die Nase ein und bringe deine Hand in die ursprüngliche Stellung.

**Dauer/Ende:** Wiederhole diesen Ablauf 11 Min. lang.
- Zum Schluss entspanne den linken Arm auf dem linken Knie,
- sei für weitere 2 Minuten still und höre das Echo von „Ich bin, ich bin" in dir - entspanne in deiner eigenen Stille.

# Für Konzentration in der Handlung

11-31 Min.

**Wenn du nicht weißt, wie man meditiert, oder die Fähigkeit, konzentriert bei einer Handlung zu sein, verbessern oder erst entwickeln möchtest, so gibt es eine wunderschöne Kundalini Yoga Technik, um dies zu erreichen. Dies ist eine Meditation für jemanden, der nicht meditieren kann. Sie erlaubt dir, deine Reaktionen auf jegliche Situation unter Kontrolle zu halten, und kann selbst dem zerstreutesten Denkapparat Sanftmut, Konzentration und Zielgerichtetheit geben.**

- Sitze in irgendeiner bequemen Haltung, bei der deine Wirbelsäule gerade ist.
- Fühle den Puls an deinem linken Handgelenk mit den Fingern deiner rechten Hand.
- Platziere die Finger gerade aneinander liegend so, dass du den Puls in jeder Fingerspitze spüren kannst.
- Konzentriere deinen Geist auf den Punkt zwischen den Augenbrauen, wo Nasenwurzel und Augenbrauen zusammentreffen: das so genannte „dritte Auge". Die Augenlider liegen leicht aufeinander.
- Mit jedem Herzschlag lausche im Geiste dem Klang des Mantras SAT NAM.

**Dauer/Ende:** 11 Min.
Allmählich kannst du die Zeit auf 31 Min. erhöhen.

# Kirtan Kriya

**30-60**
Min.

• Sitze mit gekreuzten Beinen und geradem Rücken in einfacher Haltung. Meditiere auf dein drittes Auge und chante das „Panj Shabad"- Mantra:

**SA TA NA MA**
SA - Unendlichkeit
TA - Leben
NA - Tod
MA - Wiedergeburt

❶
Gyan Mudra

„Panj Shabad" bedeutet soviel wie „heiliger Klangstrom in fünf Teilen". Diese fünf Teile des Mantras sind die Laute S, T, N, M und A.
Sie beschreiben den Kreislauf der Schöpfung. Aus der Unendlichkeit (SA) kommt das Leben und die individuelle Existenz (TA). Aus Leben entsteht Tod oder Wandlung (NA).
Aus dem Tod entsteht die Wiedergeburt des Bewusstseins zu menschlichem Leben durch seine Anteilnahme und Verbundenheit (MA).
Der Klang des Mantras in Noten:

Jede einzelne Wiederholung des Mantras dauert 3 bis 4 Sekunden. Während des Chantens liegen deine Hände mit den Handflächen nach oben auf den Knien, wobei du auf jede Silbe die Daumen und nacheinander alle vier Finger aneinanderdrückst.

❶ SA: Daumen-Zeigefinger (Jupiter);
❷ TA: Daumen-Mittelfinger (Saturn);
❸ NA: Daumen-Ringfinger (Sonne);
❹ MA: Daumen-kleiner Finger (Merkur).

❷
Shuni Mudra

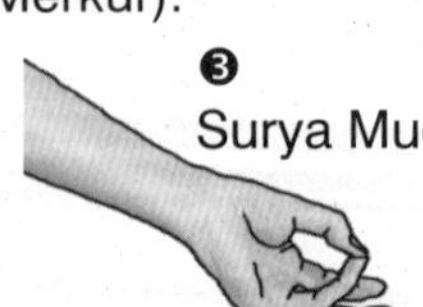

❸
Surya Mudra

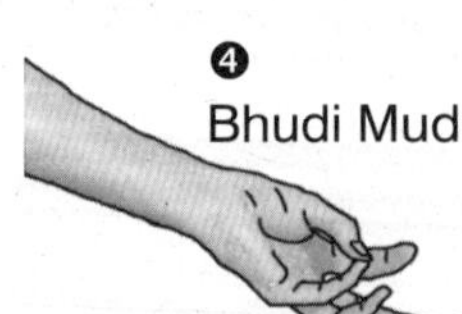

❹
Bhudi Mudra

Dann beginne wieder mit dem ersten Finger. Singe das Mantra in den „drei Sprachen des Bewußtseins“:

**Menschlich.** Dinge, die Welt: normale Lautstärke
**Liebend.** Wunsch nach Zugehörigkeit: Flüstern
**Göttlich.** Unendlichkeit: im Geiste (still)

**Dauer/Ende:**
Beginne in normaler Lautstärke für 5 Minuten, flüstere die nächsten 5 Minuten, gefolgt von 10 Minuten Stille. Dann flüstere wieder für 5 Minuten und sprich die letzten 5 Minuten wieder in normaler Lautstärke.
Um gut wieder aus der Meditation zurückzukommen, strecke deine Arme nach oben und zur Seite, ziehe die Wirbelsäule gerade und mache ein paar tiefe Atemzüge. Du kannst dabei die Hände kräftig ausschütteln. Entspanne.
Mit einiger Übung kannst du allmählich die Zeiten verdoppeln.

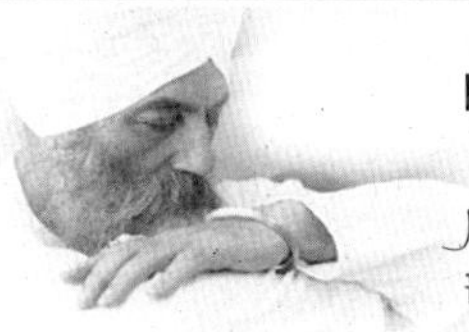

## KOMMENTAR

*Jedesmal, wenn du einen Ring aus Daumen und Finger formst, schließt sich ein Mudra und sein Effekt haftet in deinem Bewußtsein.*
*Das ist die Wirkung:*

1. Daumen/Zeigenfinger: Gyan Mudra – Wissen
2. Daumen/Mittelfinger: Shuni Mudra – Weisheit, Intelligenz, Geduld
3. Daumen/Ringfinger: Surya Mudra – Lebenskraft, Vitalität
4. Daumen/kl. Finger: Bhudi Mudra – Fähigkeit zur Kommunikation

| PLANET | FINGER | NAME | EFFEKT |
|---|---|---|---|
| Jupiter | Zeigefinger | Gyan Mudra | Wissen |
| Saturn | Mittelfinger | Shuni Mudra | Weisheit, Intelligenz, Geduld |
| Sonne | Ringfinger | Surya Mudra | Vitalität, Lebenskraft |
| Merkur | Kleiner Finger | Bhudi Mudra | Fähigkeit zur Kommunikation |

*Bitte lies auf der Folgeseite weiter...*

# Kirtan Kriya Kommentar

Die individuelle Psyche erfährt beim Chanten dieses Mantras das vollkommene Gleichgewicht. Die elektrische Spannung deines Körpers verändert sich mit dem Zusammenschließen der verschiedenen Fingerkuppen.
Der Zeige- und der Ringfinger sind elektrisch negativ in Relation zu den anderen Fingern. Das hängt mit dem Ausgleich der elektrischen Felder zusammen, die unseren Körper umfließen.
Falls du während des stillen Chantens unkontrollierbare Gedanken bekommst, fange wieder an zu flüstern, sprich laut, flüstere und sprich wieder in Stille.

Meditation ist eine Kunst und eine Wissenschaft. Kunst in der Hinsicht, dass das Bewusstsein geformt wird und Sensibilität sowie allgemeines Verständnis gesteigert werden. Es ist eine Wissenschaft, weil die Ergebnisse dieser Techniken in jedem Fall immer die gleichen sind. Jede einzelne Handlung der Meditation hat ihre besondere Reaktion in der Psyche. Da sie aber sehr exakt und wirkungsvoll sind, kann es auch zu Schwierigkeiten kommen, wenn sie nicht korrekt ausgeführt werden.

Beim Kirtan Kriya mögen einige Leute Kopfschmerzen bekommen. Gewöhnlich ist eine schlechte Zirkulation des Prana, der Lebenskraft, im Sonnengeflecht (die Spitze des Kopfes, auch „Zehntes Tor" genannt) dafür verantwortlich. Um dieses Problem zu vermeiden oder zu korrigieren, falls es geschehen ist, musst du beim SA TA NA MA auf eine ganz bestimmte Weise meditieren: in „L"-Form. Die „L"-Form bedeutet, dass du bei der Meditation einen ständigen Zustrom kosmischer Energie in dein Sonnengeflecht oder „Zehntes Tor" führst. Dies funktioniert wie folgt:

Vibriere die Konsonanten S, T, N und M jeweils an der Spitze des Kopfes, als ob sie aus dem Himmel in die Spitze des Kopfes fließen würden. Den Klang „A" vibriere jeweils im dritten Auge, als ob dieser Klang aus dem dritten Auge heraus nach draußen projiziert würde. Wenn du also z.B. „SA" singst, beginnt das „S" an der Spitze des Kopfes, und der Teil „A" endet im Dritten Auge. Diese Verbindung des Energieflusses geschieht entlang der so genannten „Goldenen Kordel", der Verbindung zwischen den Speicheldrüsen und den Hirnanhangdrüsen.

Das Chanten des Mantras SA TA NA MA ist die ursprüngliche bzw. die Kernform des Mantras SAT NAM. Es hat „Kernenergie", weil wir den Kern (genannt „Bij") des Klanges SAT NAM spalten. Und wie ihr wisst, ist Kernenergie viel gewaltiger als Molekularenergie.

Dieser Klang kann in jeder Position gesungen werden, bei welcher die folgenden Bedingungen erfüllt sind:

**1. Die Wirbelsäule ist gerade**
**2. Konzentration auf das dritte Auge**
**3. L - Form der Meditation**
**4. Vibriere das Mantra in allen drei „Sprachen" (laut, leise, still)**
**5. Gebrauche deinen gesunden Yogi-Verstand ohne Fanatismus**

Yogi Bhajan sagte im Winter 1972, dass jemand, der weiße Kleidung trägt und auf diesen Klang durchgehend täglich zweieinhalb Stunden ein Jahr lang meditiert, das Unwissbare weiß und das Unsichtbare sieht.
Durch die fortwährende Praxis erwacht das Bewusstsein zu der unendlichen Fähigkeit der Seele zu Opfer, Dienst und Schöpfung.

# Meditation ...um Gedanken zur Ruhe zu bringen

3 Min.

**Diese Meditation beruhigt den Gedankenfluss innerhalb von drei Minuten. Die Handhaltung nennen wir „Mudra, das dem Geist gefällt“. Buddha gab sie seinen Schülern zur Kontrolle der Gedanken.**

- Sitze in einfacher Haltung mit gerader Wirbelsäule.
- Beuge die Ellbogen, hebe die Unterarme, so dass die Hände vor dem Körper in der Höhe des Herzens sind.
  Die Ellbogen sollten fast in der Höhe der Hände sein.
- Biege die Zeigefinger nach innen und drücke sie zusammen, so dass sie sich am zweiten Glied berühren.
- Strecke die Mittelfinger aus und lege die Spitzen aneinander.
- Ringfinger und kleiner Finger werden nach innen gerollt.
- Die Daumen berühren sich an den Fingerspitzen.
- Halte die Hände ungefähr 10 cm vom Körper entfernt, so dass die Finger vom Körper wegzeigen.
- Konzentriere dich auf die Nasenspitze.

**Atem/Dauer: Atme tief ein und halte den Atem**, während du ein Mantra, das dir gefällt, **11- bis 21-mal** wiederholst. Atme **aus, halte den Atem draußen** und **wiederhole das Mantra** in gleicher Anzahl. Fahre fort für **3 Min.**

# ...um dich wohl und zufrieden zu fühlen

11 Min.

**Nach dieser Meditation wirst du dich gemütlich und zufrieden fühlen. Sie wirkt ausgleichend auf das Gehirn, indem sie deine innere Fähigkeit verstärkt, mit deinem höheren Selbst in dauernder Berührung zu sein.**

- Verbinde den Daumen und den Mittelfinger der rechten Hand und den Daumen mit dem kleinen Finger der linken Hand. (❶Mann)
- Die Fingernägel berühren sich nicht.
- Die Haltung der Hände ist bei Frauen (❷) umgekehrt.
- Halte die Hände mit entspannt herunterhängenden Schultern etwa 20 cm auseinander auf der Höhe der Brustwarzen.
- Die Finger zeigen dabei nach vorne.

**Dies ist eine der fünf Meditationen, die speziell zur Vorbereitung auf „die graue Phase dieses Planeten und für geistige Ausgeglichenheit“ gegeben wurden.**

**Atem/Dauer: Atme normal und meditiere 11 Min. lang.**
**Ende:** Dann atme ein und schließe für kurze Zeit die Hände kräftig zu Fäusten, dann entspanne.

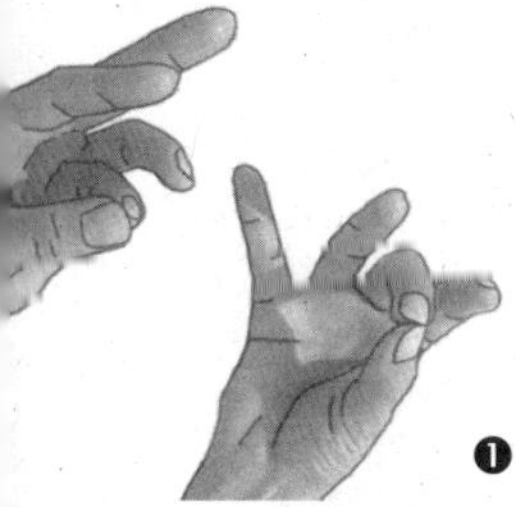

❶ Mann

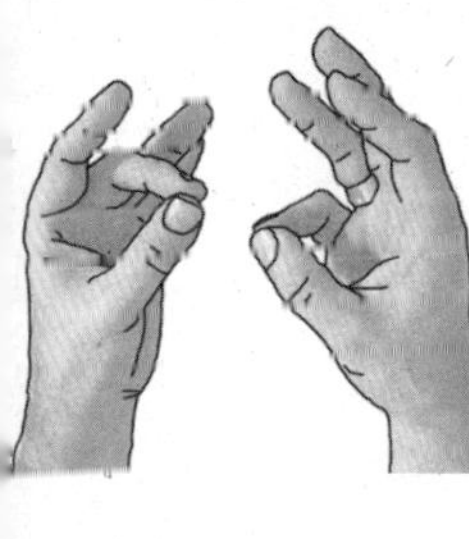

❷ Frau

# Wenn du nicht weißt, was du anfangen sollst

11-31 Min.

**Wenn du nicht weißt, was du anfangen sollst, versuche es mit dieser Meditation. Sie ist sehr einfach und doch sehr wirkungsvoll, wenn sie korrekt ausgeführt wird. Sie koordiniert die Gehirnhälften, gibt dir tiefes Verstehen und Einsicht und bringt dich von der Mystik spiritueller Phänomene zur Beherrschung der drei Körper (des physischen, geistigen und spirituellen). Obwohl sie so simpel erscheint, löst sie viele Schwierigkeiten. Man nennt sie manchmal Gyan-Mudra-Kriya.**

- Sitze in einfacher Haltung oder auf einem Stuhl.
  Die Wirbelsäule ist gerade. Lasse die Arme entspannt herunterhängen.
- Beuge nun die Ellbogen und hebe die Hände,
  bis sie einander vor der Brust treffen.
- Die Hände liegen ineinander, die Handflächen sind dabei dem Körper zugewandt, und die Daumen liegen über Kreuz
  (das Verhältnis von rechter zu linker Hand ist hierbei austauschbar).
- Halte die Finger in einem bequemen Winkel zum Körper.
- Schaue aufs dritte Auge, dann schaue auf deine Nasenspitze.

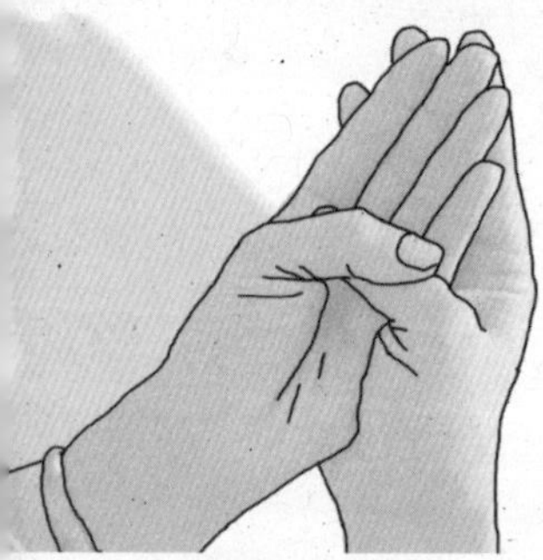

**Atem:**
- Atme durch die Nase ein und wieder aus.
- Atme durch den Mund ein und durch den Mund aus.
- Nun atme durch die Nase ein und durch den Mund aus, und zum Schluss
- atme durch den Mund ein und durch die Nase aus.
- Fahre in dieser Weise fort. Alle Atemzüge tief, kräftig und vollständig.
- Beim Mund-atmen, spitze die Lippen so, als wolltest du pfeifen.

**Dauer:** 11 Min., steigerbar auf 31 Min.

# Meditation für starke Nerven

11-31 Min.

**Praktiziere diese Meditation, um einen ruhigen Geist und starke Nerven zu erlangen. Sie wird dir helfen, dich nach außen gegen Unverstand zu schützen.**

- Sitze mit gerader Wirbelsäule, halte die rechte Hand in Höhe der Ohren, der Daumen und die Spitze des Ringfingers berühren sich (nicht jedoch die Fingernägel) – dies wird Surya Mudra genannt.
- Die linke Hand liegt im Schoß, die Spitzen von Daumen und kleinem Finger berühren sich.
- Für Frauen ist die Haltung umgekehrt, also links berühren sich Daumen und Ringfinger auf Ohrenhöhe, die rechte Hand ruht im Schoß, wobei sich Daumen und kleiner Finger berühren.
- Die Augen sind 1/10 geöffnet. Atme lang und tief, aber nicht kräftig. Du kannst diese Meditation überall machen.

**Dies ist eine der fünf Meditationen, die speziell zur Vorbereitung auf „die graue Phase auf diesem Planeten und für geistige Ausgeglichenheit" gedacht sind.**

**Dauer:** 11 Min., steigerbar auf 31 Min.
**Ende:** Am Ende der Meditation atme tief ein, öffne die Finger, hebe die Hände hoch und schüttle sie kräftig für einige Minuten lang aus.

# Worte der Weisheit...

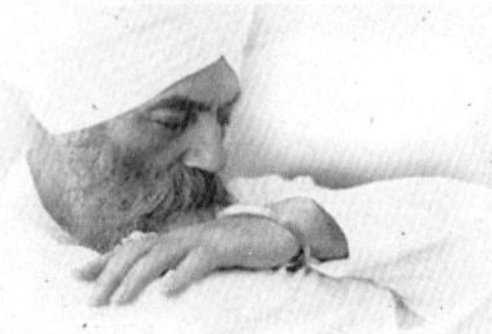

Wir sind nicht menschliche Wesen,
die eine spirituelle Erfahrung machen,
sondern spirituelle Wesen,
die eine menschliche Erfahrung machen.

Yogi Bhajan

Wenn du tausend Bücher auf einen Esel packst,
wird daraus noch immer kein weiser Mann.

Yogi Bhajan

Oh, ich lache,
wenn ich höre, dass der Fisch,
der doch vom Wasser umgeben,
durstig ist!

Ohne Rast irrst du durch die Wälder,
obwohl doch die Realität
in deinem eigenen Sein liegt.

Hier ist die Wahrheit,
Und wenn du auch von Benares bis Mathura rennst!

Denn bis Du Gott
nicht in deiner eigenen Seele gefunden hast,
wird die ganze Welt ohne Bedeutung für Dich bleiben.

Kabir

# Ende

Sitze nach Beendigung einer Übungsreihe und/oder Meditation in Gebetsposition und chante dreimal „Sat Nam".
Dabei ist das lange „Suuaaaat" etwa sieben mal so lang wie das kurze „Nam".

Danach verneigen dich:
Wir verneigen uns vor unserem
Höchsten Selbst, dem Höchsten Sein in Allem.

Sat Nam!

# Anhang

**Die Kapitel, Übungsreihen und Meditationen dieses Buches wurden entnommen aus:**

- Tarn Taran Kaur Khalsa: Conscious Pregnancy, bzw. The Gift of Giving Life
- Sadhana Guidelines (Deutsche Fassung: Sadhana Handbuch), KRI*
- Guru Rattana Kaur: Transitions to a Heart-centered world
- Healing through Yoga, Meditation and Massage (Healing course, Spain 1985), Transscript
- Stress Away
- Kundalini Yoga Manual, KRI*
- Beads of Truth Magazine, KRI*
- Meditation Manual for Intermediate Students, KRI*
- Keeping up with Kundalini Yoga, KRI*
- Survival Kit (Deutsche Fassung: Überlebens-Handbuch), KRI*

* KRI: Kundalini Research Institute, Espanola, USA.

**CD-Empfehlungen:**
- Sa Ta Na Ma Kirtan Kriya & Tantric (mit musikalischer Version der „Kirtan Kriya" wie in diesem Buch beschrieben)
- YIU-CD (Doppel-CD mit einigen Übungen aus diesem Buch, sowie Einstimmung, geführter Entspannung und Ausklang)
- Deeply Relax & Meditate (Mantra-CD mit Mantras aus diesem Buch u.a.)
- Reise durch den Körper (in deutscher Sprache geführte Tiefenentspannung wie in diesem Buch beschrieben)
- Shamanic Dream von Anugama (instrumentale Entspannungsmusik)

**Weitere Bücher von YogiPress:**
- Kundalini Yoga Praxisbuch, Teil II: Vom Nabelpunkt zum Herzzentrum
- Kundalini Yoga Praxisbuch, Teil III: Venus Kriyas - Partnerübungen
- Kundalini Yoga Praxisbuch, Teil IV: Stärkung des Immunsystems
- Fit in 15 Minuten – Kundalini Yoga nach Yogi Bhajan
- Yoga für Frauen – Kundalini Yoga, yogisches Wissen, Affirmationen und Rezepte für Frauen
- In the Name of the Cosmos – Weisheiten von Yogi Bhajan
- Genießen mit Leib und Seele – die besten vegetarischen Rezepte der Golden Temple Restaurants
- Yoga Märchen – spielend Yoga üben, für Kinder
- Mantras im Kundalini Yoga

# Impressum

**Alle Bücher und CDs sind erhältlich bei:**
Sat Nam Versand, Ringstraße 98, D-64823 Groß-Umstadt
Fon 06078 789060, Fax 06078 789065.
e-mail: info@satnam.de
Internet-Shop: www.satnam.de

**Kundalini Yoga Praxisbuch, Band 1**
2. vollständig überarbeitete Auflage
ISBN: 978-3-9811522-4-1

D- 64823 Gross-Umstadt
e-mail: info@yogipress.de
Internet: www.yogipress.de


Innenteil gedruckt auf 100 % Recycling Papier
Umschlag gedruckt auf chlorfrei gebleichtem Papier.

**Buchkonzept**
**Fotografie, Zeichnung, Grafik, Layout und Satz:**

proKreativ®MEDIA | www.proKreativ.de | info@proKreativ.de
© Sant Subagh Singh - Richard Mecke-Schrod
Mediendienstleistungen für Yogis - vom Internet bis zum Print
Fon 06078 75307 | www.yogi-yogini.de